KB069244

기초한문
基礎漢文

기초한문
基礎漢文

박종혁
이규일
장창호
정환종
편저

學古房

　이 책은 대학에서의 한문 기초 교육을 위한 교재로 편찬되었다. 필자들은 그간 대학의 교양과목이나 중문학 전공자를 위한 기초한문 과목을 강의하면서 새로운 교육환경에 부합하는 교재가 필요하다는 것을 절감했다. 대학 신입생들의 한문 기초 지식과 수준, 그리고 한문 교육의 필요성과 중점이 계속 변화해왔기 때문이다. 지금 다수의 한문 교재가 출판 시장에 나와 있지만 끊임없이 새로운 형식의 교재가 제작되는 것도 이런 이유 때문일 것이다.

　그간 우리의 한문 교육은 전통문화와 선조들의 사유체계를 학습하는 측면이 강조되었다. 하지만 한문이 고대 중국어라는 점도 명백한 사실이다. 많은 학습자들이 중국어 능력의 향상을 위해 HSK 기출문제의 독해 지문이나 중국 신문의 사설을 읽지만 한문 교육을 통해 익힐 수 있는 고전 명언들이 수준높은 고급중국어라는 점을 잊으면 안될 것이다. 중국에서는 ≪논어≫, ≪맹자≫ 같은 고문 문체를 문언문(文言文)이라고 부르는데 초등학교 1학년 때부터 당시를 외우고 5,6학년이 되면 선진 산문의 우언 같은 쉬운 문언문을 공부하기 시작한다. 고전 명구를 암송하는 것은 중국의 교육에서 중요한 부분이며 대학입시에서도 고전 명구를 외워쓰는 주관식 문제가 출제된다. 향후에도 이런 추세는 계속 강화될 것이며 중국 미래 세대들의 언어에서 고전의 비중은 더욱 커질 것이다. 지금 중국의 정치인들이 고전의 성어나 명구를 통해 자국의 외교적 메시지를 전달하는 것도 중국식 커뮤니케이션의 전형적인 방식이라 할 수 있다. 우리의 한문 교육이 중국어 학습과 전혀 별개의 것이 아니라는 인식에서 출발하여, 한문을 통해 중국어 문장의 구조를 익히고 고급 중국어 학습의 초석을 다질 수 있기를 바라는 것이 필자들의 마음이다.

　이 책은 기존에 학고방에서 출판된 ≪한문의 이해≫의 형식을 살려 명구명언의 단문 5개 문장, 문장이해의 장문 2편, 고시 1수로 한 과를 구성하여 총 20과의 내용으로 만들었다. 최대한 고등학교 한문 교과서의 난이도와 이어질 수 있는 수준의 원문을 선별했으며 중국 고전에 대한 이해를 넓힐 수 있도록 다양한 문인의 다양한 문장을 수록했다. 대부분 중국의 명구, 명문들이기 때문에 이 문장들을 익혀 중국어 회화에서 활용할 수 있기를 바라는 마음이다. 원문의 한자

독음을 표기하면서 동시에 중국어 발음을 제시했는데 이는 고급중국어 학습과 연계된 한문 교육을 지향한다는 집필원칙이 반영된 것이다. 매 원문마다 어휘 설명과 어법 설명을 두어 주요 단어들이 문장에서 활용되는 방식에 대한 이해를 돕도록 했다. 어법 설명에서 설명하는 내용들은 주로 한문 허사들의 용법인데 사실 이 내용들은 중급 이상의 중국어에서 보편적으로 등장하는 단어들이다. 용례로 제시된 예문들도 널리 알려진 명구이면서 해당 용법을 정확하게 설명할 수 있는 문장들로 선별했다. 처음 등장하는 서명과 편명은 해제를 두어 설명했다. 지면의 제한으로 자세하게 서술할 수는 없었지만 최대한 핵심적인 정보를 제공하고자 했다.

이 책을 집필하면서 수차례 집필회의를 했고 여러 번 수정과 교정의 과정을 거쳤다. 필자들의 의도가 잘 반영되어 강의의 효과를 높일 수 있는 책이 되도록 노력했지만 예상하지 못한 곳에서 오류가 발견되곤 했다. 특히 중국어 발음의 한어병음 표기가 그러했다. 혹 출판 이후 책의 내용이나 표기에 등장할 수 있는 오류에 대해 독자들의 지적을 바란다. 그리고 우리 학생들이 이 책을 통해 한문 공부의 즐거움을 느낄 수 있기를, 이 책에서 익힌 문장들이 우리의 중국어 능력을 한층 높은 곳으로 인도할 수 있기를 기대한다.

2017년 8월
국민대학교에서 필진 일동

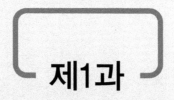

제1과

01 弟子不必不如師[1].
제 자 불 필 불 여 사

韓愈한유 「師說사설」

중국어 발음

Dì zǐ bú bì bù rú shī.

어휘 설명

1) 不如(불여): ~만 못하다.
   師(사): 스승.

어법 설명

(1) 不必(불필): 반드시 ~인 것은 아니다. 부분 부정의 용법이다.
   善始者不必善終(선시자불필선종) 시작을 잘 하는 사람이라도 반드시 마무리를 잘 하는 것은
   아니다.
(2) 如(여)
   ① 같다
   易如反掌(이여반장) 손바닥 뒤집듯 쉽다.
   부정형은 '~와 같지 않다', '~만 못하다'의 의미로 '不如'를 사용한다.
   百聞不如一見(백문불여일견) 백번 듣는 것보다 한번 보는 것이 낫다.
   ② 만약 ~라면
   如知其非義, 斯速已矣(여지기비의, 사속이의) 만약 그것이 도의가 아님을 안다면 이는 빨리
   그만둬야 한다.

해제

「사설(師說)」: 당나라 때 대문호이자 고문운동(古文運動)의 영수인 한유의 논설문. 배움에 있어 스승의
중요성과 사제 관계의 필요성에 대해 논했다. 한유는 이 글에서 신분과 나이에 관계없이 학문이 뛰어나다
면 스승이 될 수 있다고 주장했다.

02 良藥苦口利於病[1], 忠言逆耳利於行[2].
양 약 고 구 이 어 병   충 언 역 이 이 어 행

『史記사기・留侯世家유후세가』

『史記사기・留侯世家유후세가』

중국어 발음

Liáng yào kǔ kǒu lì yú bìng, zhōng yán nì ěr lì yú xíng.

어휘 설명

1) 良藥(양약): 좋은 약.
   苦(고): 쓰다. 괴롭다.
   利(이): 이롭다.
2) 忠言(충언): 충성스러운 말. 진심에서 나온 말.
   逆(역): 거스르다. 順(순)에 상대되는 말로, 물을 거슬러 올라가는 것.

어법 설명

(1) 利(이)
   ① 이익, 이롭다
   小人喻於利(소인유어리) 소인은 이익에 밝다.
   ② 날카롭다, 예리하다
   金就礪則利(금취려즉리) 쇠가 숫돌에 나아가면 날카로워진다.
(2) 於(어)
   ① ~에, ~에서
   千里之行, 始於足下(천리지행, 시어족하) 천릿길도 발아래에서 시작된다.
   ② ~에게
   己所不欲, 勿施於人(기소불욕, 물시어인) 자기가 싫어하는 것을 남에게 행하지 말라.
   ③ ~보다(비교)
   霜葉紅於二月花(상엽홍어이월화) 서리 내린 잎이 이월의 꽃보다 붉다.

해제

『사기(史記)』: 전한(前漢) 시기 사마천(司馬遷)(B.C.145?~B.C.86?)이 쓴 기전체(紀傳體) 역사서. 전설 상고시대부터 한나라 초기까지의 역사를 기록했으며 총 130권으로 본기(本紀) 12권, 표(表) 10권, 서(書) 8권, 세가(世家) 30권, 열전(列傳) 70권으로 구성되어 있다.

03 至誠則金石爲開[1].
지 성 즉 금 석 위 개

『西京雜記서경잡기 · 卷五권5』

『西京雜記서경잡기 · 卷五권5』

중국어 발음

Zhì chéng zé jīn shí wéi kāi.

어휘 설명

1) 至(지): 지극. 지극한.
   誠(성): 정성. 성의. 성실함.
   爲開(위개): 열리게 되다. 쪼개어지다.

어법 설명

(1) 至(지)
   ① 지극, 지극하다
   至樂莫如讀書(지락막여독서) 지극한 즐거움은 독서만한 것이 없다.
   ② 이르다, 도착하다
   君有妬臣則賢人不至(군유투신즉현인부지) 임금에게 질투하는 신하가 있으면 현인이 오지 않는다.
(2) 則(칙, 즉)
   ① 법칙, 원칙
   有物有則(유물유칙) 사물이 있으니 법칙이 있다. (사물마다 법칙이 있다)
   ② (가정법에서 주로 사용되어) ~하면 곧~
   人雖至愚, 責人則明(인수지우, 책인즉명) 비록 지극히 어리석더라도 남을 꾸짖을 때는 현명하다.
   ③ 주어 뒤에 위치하여 주어를 강조, '~은(는)'으로 해석한다.
   此則余之罪也(차즉여지죄야) 이는 나의 죄이다.

해제

『서경잡기(西京雜記)』: 한나라 때 유흠(劉歆)이 쓴 필기소설집. 서한의 역사, 인물, 지리, 풍속 등 다양한 이야기가 수록되었다. 여기서 서경(西京)은 서한의 수도 장안(長安), 지금의 섬서성 서안(西安)]을 말한다.

04 三人行[1], 必有我師焉[2].
삼 인 행   필 유 아 사 언

『論語논어 · 述而술이』

중국어 발음

Sān rén xíng, bì yǒu wǒ shī yān.

어휘 설명

1) 行(행): 길을 가다.
2) 我師(아사): 나의 스승. 내가 스승으로 삼을 만한 사람.
　　焉(언): '於之(어지)'의 축약형.

어법 설명

焉(언)
① (의문사) 어찌, 어떻게
　　未知生, 焉知死(미지생, 언지사) 삶도 알지 못하는데 어찌 죽음을 알랴.
② 也(야), 矣(의)처럼 문장의 종결을 표시
　　退而擊之, 必獲勝焉(퇴이격지, 필획승언) 퇴각할 때 공격하면 반드시 승리를 얻는다.

 해제

『논어(論語)』: 공자(B.C.551~B.C.479)의 언행록으로 공자 사후에 제자들이 공동 편찬했다. 공자의
핵심 사상인 인(仁)과 예(禮)를 강조하고 있으며 윤리와 도덕에 기초한 인본주의 사회를 이상적으로
본다. 유가경전으로 사서(四書)의 하나이며 모두 20편으로 구성되어 있다.

05 積善之家¹, 必有餘慶². 積不善之家, 必有餘殃³.
적 선 지 가 필 유 여 경   적 불 선 지 가   필 유 여 앙

『周易주역·坤곤』

Jī shàn zhī jiā, bì yǒu yú qìng. Jī bú shàn zhī jiā, bì yǒu yú yāng.

어휘 설명

1) 積(적): 쌓다.
   善(선): 선행(善行). 착한 일.
2) 餘慶(여경): 남은 경사. 자손에게까지 미치는 경사.
3) 餘殃(여앙): 남은 재앙. 자손에게까지 미치는 재앙.

어법 설명

之(지)
① (동사) 가다
   牛何之(우하지) 소는 어디로 가는가?
② (관형격 구조조사) ~의로 해석
   是誰之過與(시수지과여) 이것은 누구의 잘못인가?
③ (지시대명사) 그, 그것
   學而時習之(학이시습지) 배우고 때때로 그것을 익힌다.

해제

『주역(周易)』: 유가경전(儒家經典)으로 오경(五經) 중의 하나. 『역경(易經)』, 또는 『역(易)』이라고
도 부른다. 서주 말기에서 춘추 초기(B.C.700년경)에 지어졌다고 추정되며 64괘(卦)와 384효(爻)로
구성되어 있다. 『주역』은 고대 중국인들의 우주에 대한 인식을 반영하고 있다.

01 三餘

董遇¹, 字季直, 性質訥好學². …… 人有從學者³, 遇不肯教⁴, 而云"必
동우　　자계직　성질눌호학　　　　인유종학자　　우불긍교　　이운필

當先讀百遍", 言"讀書百遍而義自見⁵." 從學者曰, "苦渴無日⁶." 遇言"當
당선독백편　　언독서백편이의자현　　종학자왈　고갈무일　　우언당

以三餘⁷. 冬者, 歲之餘. 夜者, 日之餘. 陰雨者⁸, 時之餘."
이삼여　　동자　세지여　야자　일지여　음우자　　시지여

『魏略위략』

중국어 발음

Dǒng Yù, zì jìzhí, xìng zhì nè hào xué. …… Rén yǒu cóng xué zhě, Yù bù kěn jiāo, ér
yún "bì dāng xiān dú bǎi biàn", yán "dú shū bǎi biàn ér yì zì xiàn." Cóng xué zhě yuē,
"kǔ kě wú rì." Yù yán "dāng yǐ sān yú. Dōng zhě, suì zhī yú. yè zhě, rì zhī yú. Yīn yǔ
zhě, shí zhī yú."

해제

『위략(魏略)』: 위나라 때 저술되었으며 삼국시대 위나라의 역사를 상세히 기록했다. 책은 실전되었
지만 배송지(裴松之)가 진수(陳壽)의 『삼국지(三國志)』에 주(注)를 달면서 『위략』의 내용을 다량
인용했기 때문에 일부 내용이 지금까지 전한다.

1) 董遇(동우): 중국 삼국시대 위(魏)나라 사람으로 저서에 『노자훈주(老子訓注)』가 있다.

2) 質(질): 순박하다. 질박(質朴)하다.

   訥(눌): 어눌하다. 말을 더듬다.

3) 人(인): 어떤 사람.

   從學(종학): 따라다니며 배우다. 남을 좇아 그에게서 학문을 배운다는 뜻이다.

4) 不肯敎(불긍교): 가르치려 하지 않다. '肯'은 '즐거이(기꺼이) 하다'의 의미이다.

5) 遍(편): 번(횟수). 두루.

   見(현, xiàn): 드러나다. 나타나다. '보다'의 뜻일 때는 '견'으로 읽는다.

6) 苦渴(고갈): 괴롭고 힘들다. 생업에 종사하느라 괴롭고 힘들어 공부할 시간이 없음을 뜻한다.

7) 當(당): 마땅히 ~해야 한다.

   餘(여): 남는 부분, 곧 여가(餘暇).

8) 陰雨者(음우자): 날이 흐려 비가 옴. 陰은 '흐리다', 者는 '~라는 것(사람)'을 뜻한다.

(1) 有~者(유~자): ~한 사람이 있다.

   人有亡斧者(인유망부자) 도끼를 잃어버린 사람이 있었다.

(2) 云(운): 이르다, 말하다. 본문에 나오는 言(언), 曰(왈) 모두 말하다의 의미이다.

   陶淵明詩云, 盛年不重來, 一日難再晨(도연명시운, 성년부중래, 일일난재신) 도연명 시에 말하기를, 젊은 시절은 다시 오지 않고 하루에 새벽은 두 번 오기 어렵다.

(3) 當(당)

   ① (조동사) ~해야 한다(마땅하다)

   汝當見金如石(여당견금여석) 너는 황금을 돌처럼 보아야 한다.

   ② 담당하다

   當官之法, 唯有三事. 曰淸, 曰愼, 曰勤(당관지법, 유유삼사, 왈청, 왈신, 왈근) 관리로서의 법은 세 가지가 있으니 청렴함, 신중함, 부지런함이다.

02 鴻鵠之志

陳涉少時[1], 嘗與人傭耕[2], 輟耕之壟上[3], 悵恨久之[4], 曰, "苟富貴, 無相
진섭소시　　상여인용경　　철경지롱상　　창한구지　　왈　구부귀　무상

志[5]." 傭者笑而應曰[6], "若爲傭耕[7], 何富貴也?" 陳涉太息曰[8], "嗟乎[9], 燕
망　　용자소이응왈　　약위용경　　하부귀야　　진섭태식왈　　차호　　연

雀安知鴻鵠之志哉[10]."
작 안 지 홍 곡 지 지 재

『史記사기·陳涉世家진섭세가』

중국어 발음

Chén Shè shào shí, cháng yǔ rén yōng gēng, chuò gēng zhī lǒng shàng, chàng hèn jiǔ
zhī, yuē, "gǒu fù guì, wú xiāng wàng." Yōng zhě xiào ér yìng yuē, "ruò wéi yōng gēng,
hé fù guì yě?" Chén Shè tài xī yuē, "jiē hū, yàn què ān zhī hóng hú zhī zhì zāi."

해제

진시황 사후에 전국에서 농민들의 난이 일어났는데 진섭은 그 중 가장 세력이 큰 진승(陳勝)·오광
(吳廣)의 난을 일으킨 인물이다. 그가 세력을 규합하며 "왕후장상이라고 어찌 종자가 따로 있겠는
가?"라고 한 말은 유명하다. 위의 구절은 그가 젊은 시절 고생할 때의 일화로 식견이 좁은 사람은
위대한 인물의 원대한 포부를 짐작할 수 없다는 의미로 사용된다.

1) 陳涉(진섭, ?~B.C.209): 진나라 말기 농민 반란을 일으켜 왕이 된 인물 진승(陳勝).

2) 嘗(상): 일찍이.

　　傭耕(용경): 품팔이로 남의 논밭을 갈다.

3) 輟(철): 그만두다. 쉬다.

　　壟(롱) 밭두둑.

4) 悵恨(창한): 슬퍼하고 원망하다. 여기서는 낙심하여 한탄하는 것을 말한다.

5) 無(무): 없다. 여기서는 '勿(물)'과 같은 금지의 의미(~하지 말라)로 사용되었다.

6) 笑而應(소이응): 웃으며 응답하다.

7) 若(약): 너, 곧 그대를 의미하는 2인칭 대명사.

8) 太息(태식): 크게 탄식하다.

9) 嗟乎(차호): 감탄사.

10) 燕雀(연작): 제비와 참새.

　　鴻鵠(홍곡): 기러기와 고니로 몸집이 큰 새를 말한다.

어법 설명

(1) 與(여)

　① 주다

　與人勿追悔(여인물추회) 남에게 주었으면 후회를 하지 말라.

　② ~와(과), ~와 더불어, 함께 하다

　富與貴, 是人之所欲也(부여귀, 시인지소욕야) 부와 귀, 이는 사람들이 원하는 바이다.

(2) 苟(구)

　① 구차하다

　苟全性命於亂世(구전성명어난세) 난세에 구차하게 생명을 보존했습니다.

　② 만약

　苟爲不畜, 終身不得(구위불축, 종신부득) 만약 모아두지 않는다면 평생 얻지 못할 것이다.

(3) 安(안)

　① 편안하다

　居安思危(거안사위) 편안함에 거하여 위급함을 생각한다.

　② 어찌. 주로 반어형 의문사로 쓰인다

　安知魚之樂?(안지어지락) 어찌 물고기의 즐거움을 아는가?

「絶句절구」2수

杜甫두보

其一

遲日江山麗,[1]	지일강산려
春風花草香.	춘풍화초향
泥融飛燕子,[2]	니융비연자
沙煖睡鴛鴦.[3]	사난수원앙

Chí rì jiāng shān lì, chūn fēng huā cǎo xiāng
Ní róng fēi yàn zǐ, shā xuān shuì yuān yāng

其二

江碧鳥逾白,[4]	강벽조유백
山青花欲然.[5]	산청화욕연
今春看又過,	금춘간우과
何日是歸年.[6]	하일시귀년

Jiāng bì niǎo yú bái, shān jīng huā yù rán
Jīn chūn kàn yòu guò, hé rì shì guī nián

●작가 소개●

두보(杜甫, 712~770): 자(字)는 자미(子美). 그의 시는 당시 통치 집단의 부패상을 폭로하고 일반 대중의 고난과 사회 모순을 반영했다. 애국주의 정신을 표현하고 당대(唐代) 흥망성쇠(興亡盛衰)의 역사 과정을 분명히 지적했기 때문에 시사(詩史)라고 불렸으며, 후대 시인들에게 깊은 영향을 주었다. 이백(李白)과 함께 당대 시단의 쌍벽을 이루어 이두(李杜)로 병칭된다.

1) 遲日(지일): 느리게 흘러가는 해. 봄날에 시간이 더디게 가는 것을 표현했다.

2) 泥融(니융): 봄이 되어 얼었던 흙이 녹다.

3) 沙煖(사난): 강가의 모래가 포근하다.

   睡(수): 자다. 꽃이 오므라지는 모양.

4) 江(강): 사천성(四川省) 성도(成都)의 금강(錦江)을 말한다.

   逾(유): 더욱. 점점 더.

5) 欲(욕): ~하고자 하다.

   然(연): 불타다. '燃(사를 연)'과 같다.

6) 歸年(귀년): 고향으로 돌아갈 해.

우리말 해석

명구 명언

1. 제자가 반드시 스승보다 못한 것은 아니다.

2. 좋은 약은 입에 쓰지만 병에 이롭고, 충언은 귀에 거슬리지만 행동에 이롭다.

3. 지성이면 쇠와 돌도 열린다.

4. 세 사람이 길을 가면 반드시 거기에 나의 스승이 있다.

5. 선행을 쌓은 집안에는 반드시 넘치는 경사가 있고 선을 쌓지 않은 집안에는 반드시 넘치는 재앙이 있다.

문장 이해

1. 세 가지 나머지

   동우는 자가 계직이며 성품이 질박하고 어눌하지만 배움을 좋아했다. (중략) 그를 따르며 배우려는 자가 있었는데 동우는 흔쾌히 가르쳐주려고 하지 않았다. "반드시 우선 백 번을 읽어야 한다"고 하며 "책을 백 번 읽으면 의미는 저절로 드러난다"고 했다. 따르며 배우려는 자가 "고되고 힘들어 공부할 날이 없습니다"라고 말하자, 동우가 "마땅히 세 나머지 때를 이용해야 한다. 겨울은 한 해의 나머지요, 밤은 하루의 나머지요, 흐리고 비오는 날은 때의 나머지이다"라고 말했다.

2. 기러기와 고니의 큰 뜻

진섭이 젊었을 때, 일찍이 다른 사람과 품팔이 농사를 했는데 밭두둑에서 밭일을 잠시 쉬다가 길게 탄식하면서 "만약 부귀를 얻으면 서로 잊지 맙시다"라고 말했다. 함께 품팔이하는 이가 웃으며 응답하여 "당신은 품팔이 농사를 하면서 어떻게 부귀해지겠는가?"라고 말했다. 진섭이 크게 탄식하며 말했다. "아, 제비와 참새가 어찌 기러기와 고니의 큰 뜻을 알겠는가."

한시 감상

절구2수

제1수
해는 더디 지고 강산은 고운데
봄바람에 풀꽃의 향 퍼져오네.
흙 녹아 제비들 분주히 날고
모래 포근하니 원앙이 졸고 있네.

제2수
강이 푸르니 새 더욱 희고
산이 푸르니 꽃은 불붙는 듯하다.
올 봄은 보아하니 또 지나가나니
돌아갈 날은 어느 해인가.

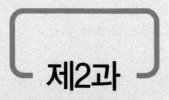

제2과

01 新沐者¹, 必彈冠². 新浴者³, 必振衣⁴.
신 목 자   필 탄 관   신 욕 자   필 진 의

「漁父辭어부사」

중국어 발음

Xīn mù zhě, bì tán guàn. Xīn yù zhě, bì zhèn yī.

어휘 설명

1) 沐(목): 머리를 감다.
2) 彈(탄): 손으로 튕기다. 여기서는 '털다'의 의미이다.
   冠(관): 고대에 신분이 높은 사람이 쓰던 모자.
3) 浴(욕): 미역을 감다. 몸을 씻다.
4) 振(진): (먼지 따위를) 털다.

어법 설명

者(자): (명사화접미사) 것. 사람.
   益者三樂(익자삼락) 유익한 것에 세 가지 즐거움이 있다.

해제

「어부사(漁父辭)」: 문학 작품 이름. 중국 전국시대(戰國時代) 초나라 시인 굴원(屈原)이 지었다는 설도 있지만 실제로는 작자 미상의 작품이다. 조정에서 추방된 굴원과 달관의 인생관을 가진 어부가 대화하는 내용이다.

02 靑取之於藍而靑於藍¹. 氷水爲之而寒於水².
청 취 지 어 람 이 청 어 람   빙 수 위 지 이 한 어 수

『荀子순자·勸學권학』

중국어 발음

Qīng qǔ zhī yú lán ér qīng yú lán. Bīng shuǐ wéi zhī ér hán yú shuǐ.

어휘 설명

1) 靑(청): 청색.
   取(취): 취하다. 가져오다.
   藍(람): 쪽. 식물의 한 종류로, 남색 염료의 원료로 쓰인다.
2) 氷(빙): 얼음.
   水爲之(수위지): 물로 만들다. 물이 그렇게 되다.
   寒(한): 차다.

어법 설명

(1) 爲(위)
   ① ~이다
   兄弟爲手足(형제위수족) 형제는 손과 발이다.
   ② 하다, 되다
   事雖小, 不爲不成(사수소, 불위불성) 일이 비록 작아도 하지 않으면 이루어지지 않는다.
   ③ 위하다
   爲長者折枝(위장자절지) 어른을 위해 가지를 꺾어드린다.
(2) 於(어)
   ① ~에, ~에서
   吾十有五而志於學(오십유오이지어학) 나는 열다섯 살에 학문에 뜻을 두었다.
   ② ~에게
   不可有害於人(불가유해어인) 남에게 해를 끼쳐서는 안된다.
   ③ ~보다(비교)
   重於泰山(중어태산) 태산보다 무겁다

해제

『순자(荀子)』: 전국시대 사상가 순자(B.C.298~B.C.238)의 저작이다. 유가사상을 계승했지만 맹자와 다르게 성악설을 주장했고 악한 본성의 억제를 위해 예의와 도덕이 중요하다고 생각했다.

03 心不在焉¹, 視而不見², 聽而不聞³, 食而不知其味⁴.
심 부 재 언   시 이 불 견   청 이 불 문   식 이 부 지 기 미

『大學대학』

중국어 발음

Xīn bú zài yān, shì ér bú jiàn, tīng ér bù wén, shí ér bù zhī qí wèi.

어휘 설명

1) 心不在焉(심부재언): 마음이 거기에 있지 않다. 거기에 관심이 없다.
2) 而(이): 말을 이어주는 용법으로 역접, 순접 모두 가능하다.
3) 聽(청): 듣다.
   聞(문): 들리다.
4) 其味(기미): 그 맛. 그것의 맛.

어법 설명

焉(언): 於之(어지)의 축약형. '거기(여기)에'라고 해석된다.
   天地位焉(천지위언) 천지가 여기에서 자리를 잡는다.

해제

『대학(大學)』: 유가경전(儒家經典)으로 사서(四書) 중의 하나. 원래는 『예기(禮記)』의 일부분인데 송나라 유학자 주희(朱熹)가 유학을 정비하여 성리학의 체계를 세우면서 『대학』과 『중용』을 별도의 경전으로 독립시켰다.

04 寧我負人[1], 毋人負我[2].
영아부인　무인부아

『三國志삼국지・魏書위서』

중국어 발음

Níng wǒ fù rén, wú rén fù wǒ.

어휘 설명

1) 寧(영): 차라리.
   負(부): 짊어지다, 등지다. 여기서는 '배신하다', '(약속이나 의리를) 저버리다'의 의미이다.
2) 毋(무): ~하지 말라. 금지사이다.

어법 설명

(1) 寧(녕)
   ① 어찌. 의문사로 주로 반어법에 사용된다.
   寧不哀哉(영불애재) 어찌 슬프지 않겠는가.
   ② 차라리
   寧失物, 無亡人(영실물 무망인) 차라리 물건을 잃을지언정 사람을 잃지 말라.
   ③ 평안하다
   身欲寧(신욕녕) 몸은 편하고자 한다.
(2) 毋(무): '~하지 말라'의 의미의 부정사로 사용되었다. 자주 사용되는 금지형 부정사는 莫(막),
   勿(물), 無(무) 등이 있다.
   毋妄言(무망언): 함부로 말하지 말라.

해제

『삼국지(三國志)』: 진(晉)나라 때 진수(陳壽)가 약 290년경 저술한 역사서. 『위서(魏書)』, 『촉서(蜀書)』, 『오서(吳書)』로 구성되어 있으며 위(魏), 촉(蜀), 오(吳) 삼국의 역사를 기술했다. 원말명초(元末明初) 나관중(羅貫中)이 쓴 소설 『삼국지연의(三國志演義)』와는 구분된다.

05 功者難成而易敗[1], 時者難得而易失[2].
공 자 난 성 이 이 패   시 자 난 득 이 이 실

Gōng zhě nán chéng ér yì bài, shí zhě nán dé ér yì shī.

1) 功(공): 공훈. 공로.
   者(자): 명사화 접미사로 ~라는 것.
2) 時(시): 시기.

(1) 易(이, 역)
   ① (이) 쉽다
   少年易老學難成(소년이로학난성) 소년은 늙기 쉽고 학문은 이루기 어렵다.
   ② (역) 바꾸다
   易地思之(역지사지) 입장을 바꾸어 생각한다.
(2) 而(이)는 문장의 두 가지 상황을 연결하는 연결사로 순접, 역접 모두 가능하다. 그 외에 2인칭
   대명사로 사용되기도 한다.
   ① 순접의 기능
   學而時習之(학이시습지) 배워서 때때로 그것을 익힌다.
   ② 역접의 기능
   人不知而不慍(인부지이불온) 다른 사람이 알아주지 않아도 화내지 않는다.
   ③ 2인칭 대명사. 너, 그대
   余知而無罪也(여지이무죄야) 나는 그대가 죄가 없다는 것을 안다.

20
基礎漢文기초한문

01 苛政猛於虎

孔子過泰山側[1], 有婦人哭於墓者而哀. 夫子式而聽之[2], 使子路問之曰[3],
공자 과 태산 측   유 부인 곡 어 묘 자 이 애   부자 식 이 청 지   사 자로 문 지 왈

"子之哭也, 壹似重有憂者[4]." 而曰, "然. 昔者, 吾舅死於虎[5], 吾夫又死焉,
자 지 곡 야   일 사 중 유 우 자   이 왈   연   석 자   오 구 사 어 호   오 부 우 사 언

今吾子又死焉[6]." 夫子問, "何爲不去也?" 曰, "無苛政." 夫子曰, "小子識
금 오 자 우 사 언   부자 문   하 위 불 거 야   왈   무 가 정   부자 왈   소 자 지

之[7], 苛政猛於虎也[8]."
지   가 정 맹 어 호 야

『禮記예기 · 檀弓下단궁하』

Kǒngzǐ guò Tàishān cè, yǒu fù rén kū yú mù zhě ér āi. Fū zǐ shì ér tīng zhī, shǐ Zǐlù wèn zhī yuē, "zǐ zhī kū yě, yī sì chóng yǒu yōu zhě." Ér yuē, "rán. Xī zhě, wú jiù sǐ yú hǔ, wú fū yòu sǐ yān, jīn wú zǐ yòu sǐ yān." Fū zǐ wèn, hé wéi bú qù yě?" Yuē, "wú kē zhèng." Fū zǐ yuē, "xiǎo zǐ zhì zhī, kē zhèng měng yú hǔ yě."

해제

『예기(禮記)』: 오경(五經)의 하나로 주나라 말기부터 진한시대까지 유가의 고례(古禮)에 관한 설을 수록한 책. 공자에 의해 예가 중시된 이후로 각국에 흩어져있던 예에 대한 학설과 기록을 후대의 예학자(禮學者)들이 수집하고 정리하여 이루어졌다. 『대대예기(大戴禮記)』와 『소대예기(小戴禮記)』가 있는데 지금의 예기는 『소대예기』이다.

1) 泰山(태산): 중국 산동성(山東省)에 소재한 산. 역대로 천자들이 태산에 올라 봉선(封禪)의식을 거행했다.

2) 夫子(부자): 선생님. 유가(儒家)에서 공자(孔子)에 대한 존칭으로 썼다.
   式(식): '軾(식)'과 같음. 수레 위에 설치한 가로막이 나무. 옛날에는 수레를 타고 인사할 때 일어나서 여기에 손을 얹는 것으로 예를 표시했다.

3) 子路(자로): 공자의 제자. 자로는 자(字)이며 이름은 중유(仲由)이다.

4) 壹似(일사): 오로지 ~인 듯하다.
   重(중): 연이어. 거듭해서.
   憂(우): 우환. 여기서는 부모의 상(喪)인 정우(丁憂)를 의미한다.

5) 昔者(석자): 옛날. 예전.
   舅(구): 시아버지.

6) 焉(언): 於之(어지), 於是(어시)의 준말.

7) 小子(소자): 너희들. 자네들.
   識(지 zhì): 새겨두다. 유념(留念)하다. 기억하다.

8) 猛於虎(맹어호): 호랑이보다 더 사납다. 於는 비교급으로 '~보다 더'의 용법.

어법 설명

(1) 過(과)
   ① 지나가다
   白駒之過隙(백구지과극) 흰 말이 문틈을 지나간다.
   ② 과실, 잘못을 저지르다
   過而不改(과이불개) 잘못을 하고 고치지 않다.

02 人性之善

孟子曰, 水信無分於東西[1], 無分於上下乎? 人性之善也, 猶水之就下也[2]. 人
맹 자 왈　수 신 무 분 어 동 서　　무 분 어 상 하 호　　인 성 지 선 야　유 수 지 취 하 야　　인

無有不善, 水無有不下. 今夫水, 搏而躍之[3], 可使過顙[4], 激而行之[5], 可使
무 유 불 선　수 무 유 불 하　금 부 수　박 이 약 지　　가 사 과 상　　격 이 행 지　　가 사

在山. 是豈水之性哉[6]? 其勢則然也[7]. 人之可使爲不善, 其性亦猶是也.
재 산　시 기 수 지 성 재　　기 세 즉 연 야　　인 지 가 사 위 불 선　　기 성 역 유 시 야

『孟子맹자・告子上고자상』

중국어 발음

Mèngzǐ yuē, shuǐ xìn wú fēn yú dōng xī, wú fēn yú shàng xià hū. Rén xìng zhī shàn yě, yóu shuǐ zhī jiù xià yě. Rén wú yǒu bú shàn, shuǐ wú yǒu bú xià. Jīn fū shuǐ, bó ér yuè zhī, kě shǐ guò sǎng, jī ér xíng zhī, kě shǐ zài shān. Shì qǐ shuǐ zhī xìng zāi, qí shì zé rán yě. Rén zhī kě shǐ wéi bú shàn, qí xìng yì yóu shì yě.

 해제

『맹자(孟子)』: 전국시대(戰國時代) 말기의 사상가 맹자(孟子)의 언행과 맹자가 그의 제자나 당시 사람들과 나눈 문답을 기술한 책. 인의(仁義)와 왕도(王道) 정치를 주장한 유교의 경전으로 사서(四書)의 하나이다.

1) 信(신): 진실로. 참으로.

   分(분): 나누다. 구분하다. 구별하다.

2) 猶(유): ~와 같다. 비슷하다.

   就(취): 나아가다.

3) 搏(박): 치다. 때리다.

   躍(약): 뛰다. 뛰어오르다.

4) 過顙(과상): 사람의 이마를 훌쩍 넘어가다. 여기서의 過는 '지나가다'라는 뜻이다.

5) 激而行之(격이행지): 물길을 막아 거꾸로 흐르게 하다. 여기서의 激은 물길을 막는다는 뜻이다.

6) 豈(기): 어찌.

7) 勢(세): 형세. 기세.

   然(연): 그러하다.

(1) 猶(유)

   ① 오히려

   終身行善, 善猶不足(종신행선, 선유부족) 평생 선을 행해도 선은 오히려 부족하다.

   ② 같다

   過猶不及(과유불급) 지나침은 모자람과 같다.

(2) 可使(가사): ~하게 할 수 있다.

   民可使由之, 不可使知之(민가사유지, 불가사지지) 백성은 따라오게 할 수는 있어도 그 이치를 알게 할 수는 없다.

(3) 是(시)

   ① 이, 이것

   是可忍, 孰不可忍(시가인, 숙불가인) 이것을 참을 수 있다면 무엇을 참지 못하겠는가

   ② 옳다

   是非之心, 人皆有之(시비지심, 인개유지) 옳고 그름을 따지는 마음을 사람은 모두 갖고 있다.

   ③ ~이다

   不聞是藥(불문시약) 듣지 않는 것이 약이다.

「**鹿柴**녹채」[1]

王維왕유

空山不見人[2],　　　공산불견인
但聞人語響[3].　　　단문인어향
返景入深林[4],　　　반영입심림
復照靑苔上[5].　　　부조청태상

Kōng shān bú jiàn rén, dàn wén rén yǔ xiǎng
Fǎn yǐng rù shēn lín, fù zhào qīng tái shàng

● 작가 소개 ●

왕유(王維, 698~759): 자(字)는 마힐(摩詰). 음악과 회화에도
뛰어났으며 산수시(山水詩)에 뛰어나 맹호연과 함께 산수전원
시파를 개창했다는 평가를 받는다. 만년에 불교에 심취하여 시
불(詩佛)이라는 칭호를 얻었으며 선종(禪宗)의 정취를 시로 잘
표현했다. 소동파는 왕유의 시와 그림을 "詩中有畫, 畫中有詩
(시중유화, 화중유시)"라는 말로 평했다.

1) 鹿柴(녹채): 사슴 울짱. 여기서는 망천(輞川)에 있는 지명으로 망천 20경(景) 중의 하나이다.

2) 不見人(불견인): 사람이 보이지 않다. 見은 여기서는 자동사 '보이다'로 해석한다.

3) 聞(문): 들리다.

　　人語(인어): 사람이 말하는 소리

　　響(향): 울리다. 메아리치다.

4) 返景(반영): 해질 무렵 되비쳐오는 빛. 석양빛. '景'은 '影(영)'의 통가자(通假字)로 햇빛을 가리킨다.

5) 復(부): 다시. 復은 부사일 때는 '다시 부'로 읽고, 동사일 때는 '돌아올 복'으로 읽는다.

　　靑苔(청태): 푸른 이끼.

우리말 해석

명구 명언

1. 새로 머리를 감은 사람은 반드시 갓을 손으로 턴다. 새로 목욕한 사람은 반드시 옷을 턴다.

2. 청색은 남색 쪽에서 채취했지만 남색 쪽보다 더 파랗다. 얼음은 물로 만들었지만 물보다 더 차갑다.

3. 마음이 여기에 있지 않으면 보아도 보이지 않고, 들어도 들리지 않고, 먹어도 그 맛을 모른다.

4. 차라리 내가 다른 사람을 저버릴지라도 다른 사람이 날 저버리게 하지 않겠다.

5. 공은 이루기는 어려워도 실패하기는 쉽고, 때는 얻기는 어려워도 잃기는 쉽다.

문장 이해

1. 가혹한 정치는 호랑이보다 사납다

공자가 태산 부근을 지나는데 어떤 부인이 무덤에서 울고 있는데 매우 슬펐다. 선생님께서 수레 가로막이목을 짚으시고 듣다가 자로에게 물어보게 하셨다. "그대가 우는 것이 마치 거듭해서 초상을 당한 듯하오." 말하길 "예전에 저의 시아버지가 호랑이에게 죽음을 당하고 제 남편이 또 죽었습니다. 지금 저의 아들이 또 죽었습니다." 선생님이 물으셨다. "어째서 떠나가지 않았는가?" 말하길, "가혹한 정치가 없습니다." 선생님이 말하셨다. "너희들은 유념하라. 가혹한 정치는 호랑이보다 더 사납다는 것을."

2. 사람 성품의 선함

맹자가 말했다. "물은 진실로 동서를 구분하지 못한다지만 상하를 구분하지도 못하는가? 사람의 성품이 선한 것은 물이 아래로 가는 것과 같다. 사람은 선하지 않음이 없으며, 물은 아래로 가지 않는 것이 없다. 지금 물은 쳐서 튀어 오르게 하면 이마를 훌쩍 넘어가게 할 수도 있으며 물길을 막아 흘리면 산으로 흐르게 할 수도 있다. 이것이 어찌 물의 성질이겠는가? 그 기세가 그런 것이다. 사람을 불선하게 할 수 있는 것도 그 성질이 이와 같은 것이다."

한시 감상

사슴 울짱

빈 산에 사람은 보이지 않고
다만 사람들 말소리의 울림만 들린다.
되비치는 빛은 깊은 숲으로 들어와
다시 푸른 이끼를 비춘다.

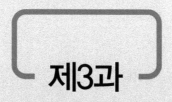

제3과

01 爲善者¹, 天報之以福². 爲不善者, 天報之以禍³.

위 선 자   천 보 지 이 복   위 불 선 자   천 보 지 이 화

『荀子순자 · 宥坐유좌』

중국어 발음

Wéi shàn zhě, tiān bào zhī yǐ fú. Wéi bú shàn zhě, tiān bào zhī yǐ huò.

어휘 설명

1) 爲善(위선): 선행을 하다. 선을 행하다.
2) 報(보): 보답하다. 보복하다.
3) 禍(화): 재난. 재앙. 불행.

어법 설명

以(이)
① 이유
　　古人秉燭夜遊, 良有以也(고인병촉야유, 양유이야) 옛 사람들이 등불을 들고 밤에 놀았던 것이
　　진실로 이유가 있었다.
② (도구) ~로써, ~을 가지고
　　君子以文會友(군자이문회우) 군자는 글로 친구를 모은다.
③ (앞의 내용을 받아) 그렇게 함으로써
　　殺身以成仁(살신이성인) 자신을 희생하여 인(仁)을 이룬다.

02 天地不仁¹, 以萬物爲芻狗².
천 지 불 인　　이 만 물 위 추 구

『老子노자·5』

중국어 발음

Tiān dì bù rén, yǐ wàn wù wéi chú gǒu.

어휘 설명

1) 天地(천지): 천하. 온 세상.
   不仁(불인): 인애(仁愛)하지 않다.
2) 芻狗(추구): 짚으로 만든 개. 제사지낼 때 사용하고 제사가 끝나면 버렸다. 하찮은 물건을 비유한다.

어법 설명

以(이)A爲(위)B: A를 B로 삼다, A를 B로 여기다
   以古爲鏡, 可知興替(이고위경, 가지흥체) 옛 일을 거울로 삼으면 흥망의 이치를 알 수 있다.

해제

『노자(老子)』: B.C.510년경에 지어진 책. 저자를 노자라고 하지만 그가 누구인지는 이견이 분분하다. 무위자연(無爲自然)을 주장했으며 전문은 약 5,400자 정도로 이루어진 운문이다. 전반부와 후반부가 각각 도와 덕에 관한 내용이라 『도덕경』이라고도 부른다.

03 橘生淮南則爲橘¹, 生於淮北則爲枳².
귤 생 회 남 즉 위 귤   생 어 회 북 즉 위 지

『晏子春秋안자춘추 · 雜下잡하』

『晏子春秋안자춘추 · 雜下잡하』

중국어 발음

Jú shēng Huái nán zé wéi jú, shēng yú Huái běi zé wéi zhǐ.

어휘 설명

1) 橘(귤): 귤. 밀감.
2) 淮南(회남): 회수의 남쪽. 회수(淮水)는 양자강과 황하의 중간에 위치한 강으로 강소성(江蘇省)에서 일부는 황해로, 일부는 양자강으로 흘러들어간다. 전통적으로 남방과 북방을 나누는 지리적 경계선으로 인식되어 왔기 때문에 남귤북지(南橘北枳), 남선북마(南船北馬)와 같은 성어의 배경이 되었다.
2) 淮北(회북): 회수의 북쪽.
   枳(지): 탱자.

어법 설명

則(칙, 즉)
① 법칙, 원칙
   法則(법칙) 법칙
② 곧, (가정법에서 주로 사용되어) ~하면 곧~
   鶴脛雖長, 斷之則悲(학경수장, 단지즉비) 학의 다리가 비록 길지만 자르면 슬퍼한다.
③ 주어 뒤에 위치하여 주어를 강조, '~은(는)'으로 해석한다.
   此則寡人之罪也(차즉과인지죄야) 이는 과인의 죄이다.

해제

『안자춘추(晏子春秋)』: 춘추시대 제나라의 명재상이었던 룻뺮(안영)의 언행을 정리한 책. 안영은 영공(靈公), 장공(莊公), 경공(景公) 3대를 섬기며 오랫동안 백성들의 신망을 받았는데, 이 책은 그의 정치에 관련된 일화와 문답을 기록했다.

04 與善人居, 如入蘭芷之室[1].
여 선 인 거   여 입 난 지 지 실

『說苑설원·雜言잡언』

중국어 발음

Yǔ shàn rén jū, rú rù lán zhǐ zhī shì.

어휘 설명

1) 蘭芷(난지): 난초와 지초. 모두 향초(香草)의 이름이다.
   室(실): 집. 방.

어법 설명

與(여)
① 주다
   吾與人也, 如棄之(오여인야, 여기지) 나는 남에게 주는 것을 버리는 것처럼 한다.
② ~와(과), 더불다, 함께 하다
   禍與福同門(화여복동문) 화와 복은 같은 문에서 나온다
③ 의문의 어기조사. 문장의 맨 뒤에 위치한다.
   必聞其政, 求之與?(필문기정, 구지여) 반드시 그 정치를 들으셨다는데 요구한 것입니까?

 해제

『설원(說苑)』: 서한의 문인 유향(劉向, B.C.77~B.C.6)이 편찬한 책. 춘추전국 시대부터 한나라 때까지의 인물과 일화에 대한 고사가 수록되어 있다. 정치와 역사에 대한 내용이 많으며 철학적인 면에서 주로 유가 사상을 반영하고 있다.

05 天地之間, 物各有主¹, 苟非吾之所有², 雖一毫而莫取³.
천 지 지 간 물 각 유 주 구 비 오 지 소 유 수 일 호 이 막 취

蘇東坡소동파 「赤壁賦적벽부」

중국어 발음

Tiān dì zhī jiān, wù gè yǒu zhǔ, gǒu fēi wú zhī suǒ yǒu, suī yī háo ér mò qǔ.

어휘 설명

1) 物(물): 만물. 사물.
   各(각): 각각. 각자.
2) 苟(구): 만약. 진실로. 구태여
3) 雖(수): 비록.
   毫(호): 터럭. 가는 털
   取(취): 취하다. 갖다.

어법 설명

莫(막)

① (금지형 부정사) ~하지 말라. 유사한 용법으로 毋(무), 勿(물), 無(무) 등이 있다.
   莫愁前路無知己(막수전로무지기) 앞길에 그대를 알아줄 사람이 없다고 근심하지 말라.
② 없다. '無(무)'와 같은 의미이다.
   今天下莫爲義(금천하막위의) 지금 천하에는 의를 행하는 사람이 없다.
③ (최상급 부정사) ~보다 더 ~한 것이 없다.
   過而能改, 善莫大焉(과이능개, 선막대언) ; 잘못을 하고 고친다면 선은 이보다 더 큰 것이 없다.

해제

「적벽부(赤壁賦)」: 북송의 대문호 소동파가 지은 부(賦)로 천고의 명문으로 전하는 작품. 강물 위에서 배를 타고 노닐다가 적벽대전과 당시 영웅들의 이야기를 회고하며 덧없는 인생에 대한 감개를 토로했다. 「전적벽부」와 「후적벽부」가 있는데 이 글은 「전적벽부」이다.

01 守株待兔

宋人有耕田者. 田中有株[1], 兔走觸株[2], 折頸而死[3]. 因釋其耒而守株[4], 冀
송 인 유 경 전 자   전 중 유 주   토 주 촉 주   절 경 이 사   인 석 기 뢰 이 수 주   기

復得兔[5], 兔不可復得, 而身爲宋國笑[6]. 今欲以先王之政, 治當世之民[7],
부 득 토   토 불 가 부 득   이 신 위 송 국 소   금 욕 이 선 왕 지 정   치 당 세 지 민

皆守株之類也[8].
개 수 주 지 류 야

『韓非子한비자 · 五蠹오두』

중국어 발음

Sòng rén yǒu gēng tián zhě. Tián zhōng yǒu zhū, tú zǒu chù zhū, zhé jǐng ér sǐ. Yīn shì qí lěi ér shǒu zhū, jì fù dé tú, tú bù kě fù dé, ér shēn wéi Sòng guó xiào. Jīn yù yǐ xiān wáng zhī zhèng, zhì dāng shì zhī mín, jiē shǒu zhū zhī lèi yě.

해제

수주대토는 현재 크게 두 가지 의미로 사용된다. 하나는 행운을 믿고 노력하지 않는 행위이고, 또 하나는 지나가 버린 시대의 낡은 방법으로 현재에 대처하는 자세이다. 한비자는 후자의 의미로 사용했다. 부국강병이 당시의 시대적 과제이지, 인의도덕(仁義道德)과 같은 구시대의 가치는 더 이상 쓸모없다고 여겼다.

1) 株(주): 나무의 밑동, 곧 그루터기.
2) 走(주): 쫓기다. 도망가다.
   觸(촉): 부딪히다.
3) 折頸(절경): 목이 부러지다.
4) 釋(석): (손을) 놓다.
   耒(뢰): 쟁기. 가래.
5) 冀(기): 바라다.
   復(부): 다시.
6) 身(신): 자신.
   笑(소): 웃음거리.
7) 當世(당세): 당대. 현세. 지금.
8) 皆(개): 모두.
   類(류): 종류. 아류(亞流).

(1) 因(인)
   ① ~때문에.
   貧者因書富(빈자인서부) 가난한 사람은 책 때문에 부자가 된다.
   ② 인하여. 그리고 나서: 뒤에 어떤 일이 일어날 때 말을 이어주는 역할.
   恐其不受, 因謂之(공기불수, 인위지) 그가 받지 않을까 걱정되어 말했다.
(2) 復(부, 복)
   ① (부) 다시
   復前行, 欲窮其林(부전행, 욕궁기림) 다시 앞으로 가니 그 숲이 끝나가고 있었다.
   ② (복) 회복하다, 복구하다.
   克己復禮(극기복례) 자기를 억제하고 예를 회복하다.

02 永安託孤[1]

“君才十倍曹丕[2], 必能安國, 終定大事. 若嗣子可輔[3], 輔之. 如其不才[4],
　군 재 십 배 조 비　　필 능 안 국　종 정 대 사　약 사 자 가 보　보 지　여 기 부 재

君可自取.” 亮涕泣曰[5], “臣敢竭股肱之力[6], 效忠貞之節[7], 繼之以死[8].”
　군 가 자 취　　량 체 읍 왈　　신 감 갈 고 굉 지 력　　효 충 정 지 절　　계 지 이 사

『三國志삼국지 · 蜀書촉서』

중국어 발음

"Jūn cái shí bèi Cáo Pī, bì néng ān guó, zhōng dìng dà shì. Ruò sì zǐ kě fǔ, fǔ zhī. Rú qí
bù cái, jūn kě zì qǔ." Liàng tì qì yuē, "chén gǎn jié gǔ gōng zhī lì, xiào zhōng zhēn zhī
jié, jì zhī yǐ sǐ."

해제

위 글은 유비(劉備)가 영안성(永安城)에서 죽음을 앞두고 제갈량(諸葛亮)에게 아들을 부탁하는 내용이다. 제갈량에 대한 유비의 신뢰, 유비에 대한 제갈량의 무한한 충심, 그리고 평생 고락을 함께하며 대업을 이룬 두 사람의 운명이 감동적이다.

1) 永安(영안): 양자강 삼협(三峽)에 위치한 성으로 유비가 이릉(夷陵)전투에서 패배한 후 지내다가 숨을 거둔 곳이다. 백제성(白帝城)이라고도 한다.

孤(고): 부모 없는 아이, 곧 고아.

2) 曹丕(조비): 당시 위나라의 황제. 조조의 아들로 즉위하여 문제(文帝)가 되었다.

3) 嗣(사): 잇다. 상속하다. 후대를 잇는 자식을 후사(後嗣)라고 한다.

輔(보): 돕다. 보좌하다. 보필하다.

4) 如(여): 만약. 앞 구의 '若(약)'과 같다.

5) 涕泣(체읍): 눈물을 흘리며 울다.

6) 竭(갈): 다하다.

股肱之力(고굉지력): 팔과 다리의 힘, 곧 혼신의 능력. '股肱'은 보필한다는 뜻으로도 쓰인다.

7) 效(효): 바치다. 힘쓰다

8) 繼之以死(계지이사): 목숨을 바쳐 대업을 이어가다. 결심이 굳다는 뜻의 성어로 많이 쓰인다.

(1) 若(약)

① ~와 같다.

上善若水(상선약수) 최고의 선은 물과 같다.

② (가정법) 만약~라면

家若富, 不可恃富而怠學(가약부, 불가시부이태학) 만약 부유하더라도 부유함을 믿고 학문에 게을리하면 안된다.

③ (2인칭 대명사) 너, 그대

若爲傭耕, 何富貴也(약위용경, 하부귀야) "그대는 품팔이 농사를 하면서 어떻게 부귀해지겠는가?

(2) 可(가): 조동사로 '~할 수 있다'의 의미를 표현한다. 비슷한 용법으로 '可以(가이)', '足(족)', '足以(족이)'가 있다.

二者不可得兼(이자불가득겸) 두 가지는 겸하여 얻을 수 없다.

「尋隱者不遇심은자불우」[1]

賈島가도

松下問童子,   송하문동자
言師採藥去.[2]   언사채약거
只在此山中,[3]   지재차산중
雲深不知處.[4]   운심부지처

Sōng xià wèn tóng zǐ, yán shī cǎi yào qù
Zhǐ zài cǐ shān zhōng, yún shēn bù zhī chù

•작가 소개•

가도(賈島, 779~843): 중당(中唐) 때의 시인으로 승려 출신이나 후에 환속했다. "鳥宿池邊樹, 僧推月下門(조숙지변수 승퇴월하문)"라는 시구를 다듬다가 한유와 만난 "推敲(퇴고)" 일화의 주인공으로 유명하다. 당시 가도는 '推(밀 퇴)' 자와 '敲(두드릴 고)' 자를 놓고 고민했는데 한유는 '敲' 자를 추천했다고 한다.

1) 尋(심): 찾다.

　隱者(은자): 세상을 피해 은둔하는 사람.

　不遇(불우): 만나지 못하다.

2) 採(채): 캐다. 채취하다.

　藥(약): 약초.

3) 只(지): 단지. 다만.

4) 處(처): 장소. 있는 곳.

우리말 해석

1. 선을 행하는 사람은 하늘이 복으로 보답하고, 불선을 행하는 사람은 하늘이 화로 보답한다.

2. 천지는 어질지 않으니 만물을 추구(芻狗)로 여긴다.

3. 귤을 회수의 남쪽에서 심으면 귤이 되고, 회수의 북쪽에서 심으면 탱자가 된다.

4. 착한 사람과 거하면 난초(蘭草)와 지초(芝草)가 있는 방에 들어가는 것과 같다.

5. 천지지간에 만물은 각각 주인이 있나니, 만약 나의 소유가 아니라면 비록 터럭 하나일지라도 취하지 말라.

문장 이해 ▶

1. 그루터기를 지키며 토끼를 기다리다

   송나라 사람 중에 밭을 가는 자가 있었다. 밭 가운데에 그루터기가 있는데 토끼가 달려가다가 그루터기에 부딪혀 목이 부러져 죽었다. 그래서 쟁기를 놓고 그루터기를 지키며 다시 토끼를 얻고자 희망했으나 그 자신이 송나라의 웃음거리가 되었다. 지금 선왕의 정치로 당대의 백성들을 다스리려 한다면 모두 그루터기를 지키는 부류이다.

2. 영안성에서 아들을 부탁하다

"그대의 재능은 조비의 열 배이니 틀림없이 나라를 안정시키고 종국에는 대업을 이룰 수 있을 것이오. 만약 후사가 보필할 만하다면 보필하시오. 그러나 만약 그가 재능이 없다면 그대가 스스로 제위를 취하시오." 제갈량은 눈물을 흘리며 말했다. "신은 전력을 다해 충정의 절개를 바칠 것이며, 목숨을 다해 대업을 이어가겠나이다."

한시 감상 ▶

은자를 찾아갔으나 만나지 못하다

소나무 아래에서 동자에게 물었더니
스승님은 약초를 캐러 가셨다고 하네.
다만 이 산중에 계시긴 한데
구름이 깊어 계신 곳을 알 수 없다네.

제4과

01 勿以惡小而爲之¹, 勿以善小而不爲.
물 이 악 소 이 위 지   물 이 선 소 이 불 위

『三國志삼국지 · 蜀書촉서』

중국어 발음

Wù yǐ è xiǎo ér wéi zhī, wù yǐ shàn xiǎo ér bù wéi.

어휘 설명

1) 勿(물): 금지형 부정사. ~하지 말라.
  爲之(위지): 악행을 저지르다. 之는 목적격대명사로 '惡'을 가리킨다.

어법 설명

(1) 以(이)
  ① (도구) ~로써, ~을 가지고
  以熱治熱(이열치열) 열로 열을 다스린다.
  ② (이유) ~로써, ~을 이유로
  君子不以言擧人(군자불이언거인) 군자는 말 때문에 사람을 천거하지 않는다.
(2) 惡(악, 오)
  ① (악) 악하다
  人莫知其子之惡(인막지기자지악) 사람들 아무도 자기 자식의 악행을 잘 알지 못한다.
  ② (오) 미워하다, 싫어하다
  貧與賤, 是人之所惡也(빈여천, 시인지소오야) 가난과 천함, 이는 사람들이 싫어하는 바이다.
  ③ (오) 어찌
  惡有此事(오유차사) 어찌 이런 일이 있겠는가?

02 己所不欲¹, 勿施於人².
기 소 불 욕　물 시 어 인

『論語논어·衛靈公위령공』

중국어 발음

Jǐ suǒ bú yù, wù shī yú rén.

어휘 설명

1) 欲(욕): 바라다. 원하다.
2) 施(시): 베풀다. 가하다. 시행하다.

어법 설명

(1) 己(기): '몸 기'라고 읽지만 대부분 '자기', '자신'의 의미로 사용된다.
　　不以己悲(불이기비) 자기 자신 때문에 슬퍼하지 않는다.
(2) 所(소)
　　① 所+동사의 형태: ~하는 바. 구를 명사화 시키는 역할을 한다.
　　幼而不學, 老無所知(유이불학, 노무소지) 어려서 배우지 않으면 늙어서 아는 바가 없다
　　② 곳, 장소
　　此何所也(차하소야) 여기는 어느 곳인가?

03 亡羊補牢¹, 猶未遲也².
망 양 보 뢰　유 미 지 야

『戰國策전국책・楚策초책』

중국어 발음

Wáng yáng bǔ láo, yóu wèi chí yě.

어휘 설명

1) 補(보): 보수하다. 수리하다.
　 牢(뢰): (소와 말을 가둬 기르는) 우리.
2) 猶(유): 오히려. 아직도.
　 遲(지): 늦다.

어법 설명

(1) 亡(망, 무)
　 ① (망) 잃다, 죽다
　 脣亡齒寒(순망치한) 입술을 잃으면 이가 차다.
　 ② (무) 없다. '無(무)'와 같은 용법으로 사용된다.
　 天積氣耳, 亡處亡氣(천적기이, 무처무기) 하늘은 기가 쌓였을 뿐이며, 기가 없는 곳이 없다.
(2) 未(미): 아직 ~않다
　 二龍未點眼者皆在(이룡미점안자개재) 아직 눈동자를 그리지 않은 용 두 마리는 모두 있었다.

해제

『전국책(戰國策)』: 전국 시대 유세가(遊說家)들의 권모술수와 정치적 언행을 기록한 책. 여기저기 흩어져 있던 여러 권의 책을 서한의 문인 유향(劉向, B.C.77~B.C.6)이 정리하여 한 권의 책으로 엮었다. 『전국책』이라는 제목도 유향이 지은 것이다.

04 身體髮膚[1], 受之父母. 不敢毁傷[2], 孝之始也.
신 체 발 부 　 수 지 부 모 　 불 감 훼 상 　 효 지 시 야

『孝經효경·開宗明義개종명의』

중국어 발음

Shēn tǐ fà fū, shòu zhī fù mǔ. Bù gǎn huǐ shāng, xiào zhī shǐ yě.

어휘 설명

1) 髮(발): 머리카락.
   膚(부): 피부.
2) 敢(감): 조동사로 감히 ~하다. 不敢은 '감히 ~하지 못하다'의 의미이다.
   毁傷(훼상): 훼손해 상하게 하다. 다치거나 상처를 입다.

해제

『효경(孝經)』: 효를 중심으로 유가의 윤리철학을 저술한 경전. 일설에 공자가 지었다고도 하지만 증자(曾子) 후학들의 저술로 보는 견해가 유력하다. 효를 모든 사회적 행위의 기본으로 여기고 효의 근본적인 의미와 실천 방법 등의 문제를 다루고 있다.

05 天網恢恢¹, 疏而不失².
천 망 회 회   소 이 불 실

『老子노자 · 73』

중국어 발음

Tiān wǎng huī huī, shū ér bù shī.

어휘 설명

1) 天網(천망): 하늘의 그물.
   恢恢(회회): 넓고 큰 모양.
2) 疏(소): 성글다. 듬성듬성하다.
   불실(不失): 놓치지 않다. 빠져나가지 않다. 다른 판본에는 '不漏(불루)'로 되어있다.

01 君子三樂

君子有三樂, 而王天下不與存焉[1]. 父母俱存[2], 兄弟無故[3], 一樂也. 仰不愧
군자유삼락   이왕천하불여존언   부모구존   형제무고   일락야   앙불괴

於天[4], 俯不怍於人[5], 二樂也. 得天下英才而敎育之[6], 三樂也. 君子有三
어천   부부작어인   이락야   득천하영재이교육지   삼락야   군자유삼

樂, 而王天下不與存焉.
락   이왕천하불여존언

『孟子맹자·盡心上진심상』

Jūn zǐ yǒu sān lè, ér wáng tiān xià bù yǔ cún yān. Fù mǔ jù cún, xiōng dì wú gù, yī lè
yě. Yǎng bú kuì yú tiān, fǔ bú zuò yú rén, èr lè yě. Dé tiān xià yīng cái ér jiào yù zhī,
sān lè yě. Jūn zǐ yǒu sān lè, ér wáng tiān xià bù yǔ cún yān.

 해제

군자는 유가에서 이상적으로 생각하는 인격의 개념이다. 『논어』에서 군자는 돈이나 권력 같은 세속
적 가치보다는 인의와 도덕을 더 중시했다. 맹자 역시 가정의 평안, 양심의 떳떳함, 교육이 인생의
가장 중요한 요소라고 강조한다. 주희(朱熹)는 하나는 하늘에 달려있고, 하나는 타인에게 달려있으
며, 오직 한 가지만 자신의 힘으로 할 수 있는 것이라 말했다.

1) 王天下(왕천하): 천하의 왕으로 군림하다. 천하에 왕도정치를 펼치다. '王'이 '왕 노릇하다' 라는
   뜻의 동사로 쓰였다.
   與存焉(여존언): 거기에 포함되다. 그 안에 들어가다.
2) 俱存(구존): 모두 살아계시다. '俱'는 '모두', '함께'라는 뜻이다.
3) 無故(무고): 변고가 없다. 탈이 없다. '故'는 '변고' 또는 '별 탈'이라는 뜻이다.
4) 仰(앙): 우러르다. (위로) 우러러보다.
   愧(괴): 부끄러워하다.
5) 俯(부): 굽어보다. (아래로) 내려다보다.
   怍(작): 부끄러워하다.
6) 英才(영재): 뛰어난 재주, 또는 그런 인물.

焉(언)
① (의문사) 어찌, 어떻게
   焉避其難(언피기난) 어떻게 그 난을 피할까?
② 於之(어지)의 축약형
   萬物育焉(만물육언) 만물이 여기에서 자라다.
③ 也(야), 矣(의)처럼 문장의 종결을 표시
   今其室十無一焉(금기실십무일언) 지금은 그런 집이 열 집에 하나도 없습니다.

02 長恨歌傳

"上憑肩而立[1]. 因仰天感牛女事[2], 密相誓心[3], 願世世爲夫婦. 言畢[4], 執
　상 빙 견 이 립　　인 앙 천 감 우 녀 사　　밀 상 서 심　　원 세 세 위 부 부　　언 필　　집

手各嗚咽[5]. 此獨君王知之耳[6]." 因自悲曰[7], "由此一念, 又不得居此. 復墮
　수 각 오 열　　차 독 군 왕 지 지 이　　　인 자 비 왈　　유 차 일 념　　우 부 득 거 차　부 타

下界[8], 且結後緣[9]. 或爲天, 或爲人, 決再相見[10], 好合如舊[11]." 因言, "太上
　하 계　　차 결 후 연　　혹 위 천　혹 위 인　　결 재 상 견　　호 합 여 구　　인 언　　태 상

皇亦不久人間[12], 幸惟自安[13], 無自苦耳."
　황 역 불 구 인 간　　행 유 자 안　　무 자 고 이

陳鴻진홍 「長恨歌傳장한가전」

중국어 발음 ▷

"Shàng píng jiān ér lì. Yīn yǎng tiān gǎn niú nǚ shì, mì xiāng shì xīn, yuàn shì shì wéi fū
fù. Yán bì, zhí shǒu gè wū yè. Cǐ dú jūn wáng zhī zhī ěr." Yīn zì bēi yuē, "yóu cǐ yī niàn,
yòu bú dé jū cǐ. Fù duò xià jiè, qiě jié hòu yuán. Huò wéi tiān, huò wéi rén, jué zài xiāng
jiàn, hǎo hé rú jiù." Yīn yán, "tàishànghuáng yì bù jiǔ rén jiān, xìng wéi zì ān, wú zì kǔ
ěr."

 해제

「장한가전(長恨歌傳)」: 당 현종과 양귀비의 아름답고 애닳은 러브스토리를 쓴 진홍(陳鴻)의 전기소
설. 당 현종 사후 50여년 후 진홍이 왕질부(王質夫), 백거이(白居易) 등과 선유사로 나들이를 갔다가
세간에 전하는 당 현종과 양귀비의 고사에 감동하여 백거이는 서사시 「장한가」를, 진홍은 소설
「장한가전」을 지었다고 한다.

1) 上(상): 임금, 또는 황제. 여기서는 당나라 현종(玄宗)을 가리킨다.
   憑肩(빙견): 어깨에 기대다.
2) 仰(앙): 우러러보다.
   牛女事(우녀사): 견우직녀의 고사.
3) 密(밀): 은밀하게.
   誓心(서심): 마음에 맹세를 하다.
4) 畢(필): 마치다. 끝내다.
5) 嗚咽(오열): 흐느껴 울며 목이 메다.
6) 耳(이): (한정을 나타내는 종결사) ~일 뿐이다.
7) 因(인): 이리하여. 이로 인하여.
8) 墮下界(타하계): 인간 세상에 떨어지다.
9) 且(차): 또한. 장차.
   結後緣(결후연): 차후의 인연을 맺다. '結緣'은 인연을 맺는다는 뜻이다.
10) 決(결): 꼭. 반드시.
11) 好合如舊(호합여구): 예전처럼 화목하게 지내다.
12) 太上皇(태상황): 현종. 당시 현종은 제위를 태자에게 물려주고 태상황이 되었다.
   人間(인간): 인간 세상. 사람들이 사는 곳을 말한다.
13) 幸(행): 바라다. 다행히 ~하길 바라다.
   惟(유): 단지. 다만.

(1) 因(인)
   ① ~ 때문에
   不可因貧而廢學(불가인빈이폐학) 가난 때문에 공부를 그만두어서는 안된다.
   ② 인하여. 그러고 나서: 뒤에 어떤 일이 일어날 때 말을 이어주는 역할.
   請以劍舞, 因擊沛公於坐(청이검무, 인격패공어좌) 검무를 청하여 패공을 그 자리에서 습격하라.
(2) 得(득)
   ① (동사) 얻다
   漢皆已得楚乎(한개이득초호) 한나라가 이미 초나라를 얻었는가?
   ② (조동사) ~할 수 있다. 같은 용법으로 可, 能, 足, 足以, 得以 등이 있다.
   焉得知(언득지) 어떻게 알 수 있는가?

「春曉춘효」[1]

孟浩然맹호연

春眠不覺曉,[2]　　　춘면불각효
處處聞啼鳥.[3]　　　처처문제조
夜來風雨聲,　　　　야래풍우성
花落知多少.[4]　　　화락지다소

Chūn mián bù jué xiǎo, chù chù wén tí niǎo
Yè lái fēng yǔ shēng, huā luò zhī duō shǎo

●작가 소개●

맹호연(孟浩然, 689~740): 성당 시기 왕유와 함께 산수전원시
파의 대표로 평가받는 시인. 화려한 수식과 기교를 추구하지 않
고 담담한 어조로 일상의 평범한 풍경을 시에 담았다. 인공적인
꾸밈이 없어 자연스러운 여운이 있으며 맑고 담백하다는 평가
를 받는다. 이백은 "나는 맹호연을 아끼나니 풍류가 천하에 알
려졌네(吾愛孟夫子, 風流天下聞)"라고 시에 썼다.

1) 曉(효): 새벽. 날이 밝다.
2) 眠(면): 잠. 잠자다.
   覺(각): 깨닫다. 알아채다.
3) 處處(처처): 곳곳. 여기저기.
   啼(제): 울다. 지저귀다.
4) 多少: 얼마나. 의문사이다.

우리말 해석

명구 명언

1. 악행이 사소하다고 함부로 저지르지 말고 선행이 미미하다고 실행을 주저하지 말라.

2. 자기가 원하지 않는 일은 남에게 하지 말라.

3. 양을 잃고 우리를 고쳐도 아직 늦지 않다.

4. 신체와 머리카락과 피부는 부모로부터 받았으니 감히 훼손하지 않는 것이 효의 시작이다.

5. 하늘의 그물은 넓고도 넓어 성글지만 놓치지 않는다.

문장 이해

1. 군자의 세 가지 즐거움

   군자에겐 세 가지 즐거움이 있으니 천하에 왕이 되는 것은 거기에 들어있지 않다. 부모가 모두 계시고 형제가 무고한 것이 첫 번째 즐거움이다. 우러러 하늘에 부끄럽지 않고 굽어 사람들에게 부끄럽지 않은 것이 두 번째 즐거움이다. 천하의 영재를 얻어 교육시키는 것이 세 번째 즐거움이다. 군자에겐 세 가지 즐거움이 있으니 천하에 왕이 되는 것은 거기에 들어있지 않다.

2. 장한가전

"황제께서는 제 어깨에 기대시더니 일어나셨습니다. 그리고 하늘을 올려보며 견우직녀의 이야기에 감동하셔서 은밀히 마음에 맹세하셨습니다. 다음 생에도 대대로 부부가 되길 원한다고. 말을 마친 후 손을 잡고 각자 목이 메어 오열했습니다. 이는 오직 군왕께서만 아실뿐입니다." 그러고 나서 스스로 슬퍼하며 말했다. "이런 생각 때문에 더 이곳에 살 수가 없습니다. 다시 하계에 떨어져 또 차후의 인연을 맺고자 하니, 혹 하늘이든 혹 세상이든 결국엔 다시 만나 옛날처럼 함께 지낼 것입니다." 이어서 말했다. "태상황께서도 세상에 오래 계시지 못하니 스스로 편안하게 계시고 홀로 괴로워하지 마시길 바랄 뿐입니다."

한시 감상

봄날 새벽

봄잠에 빠져 새벽인줄 몰랐더니
여기저기 새소리 들려온다.
간밤에 비바람 소리 요란하더니
꽃잎은 얼마나 떨어졌을까?

제5과

01 衣莫若新¹, 人莫若故².
의 막 약 신 　 인 막 약 고

『晏子春秋안자춘추 · 雜上잡상』

중국어 발음

Yī mò ruò xīn, rén mò ruò gù.

어휘 설명

1) 新(신): 새 것. 새 옷.
2) 故(고): 옛 것. 옛 사람.

어법 설명

莫若(막약)

　莫은 최상급 부정사의 용법으로 '~이 (하나도) 없다'의 의미이다. 그래서 莫若은 '~만한 것이 하나도 없다'는 의미로 해석된다. 같은 용법으로 莫如(막여)가 있다.

　知子莫若父(지자막약부) 자식을 아는 것은 부모만한 이가 없다.

02 他山之石¹, 可以攻玉².
타 산 지 석   가 이 공 옥

『詩經시경 · 小雅소아』

Tā shān zhī shí, kě yǐ gōng yù.

어휘 설명

1) 他山(타산): 다른 산. 다른 곳에 있는 산.
2) 攻(공): 다스리다. 다듬다. 가공하다.

어법 설명

可以(가이): 조동사로 '~할 수 있다'의 의미이다. 같은 용법으로 可, 能, 足, 足以, 得, 得以 등이
   사용된다.
   察古可以知今(찰고가이지금) 옛 일을 관찰하면 지금을 알 수 있다.

 해제

『시경(詩經)』: 서주(西周) 초기부터 춘추(春秋) 중기까지의 시 삼백여 편을 수록한 중국 최초의
시집. 대략 B.C.6세기에 편집된 것으로 추정된다. 초기에는 『시』, 『시삼백』이라고 불렸는데 한대에
와서 유가경전으로 추앙받으며 『시경』이라는 이름을 얻었다.

03 士別三日[1], 卽更刮目相待[2].
사 별 삼 일   즉 갱 괄 목 상 대

『三國志삼국지·吳書오서』

『三國志삼국지·吳書오서』

중국어 발음

Shì bié sān rì, jí gèng guā mù xiāng dài.

어휘 설명

1) 別(별): 헤어지다. 이별하다.
2) 刮目(괄목): 눈을 비비다.
   相待(상대): 서로 마주보다. 서로 바라보다. 여기서의 '待'는 '對(마주할 대)'와 같다.

어법 설명

(1) 卽(즉)
   ① (강조) 바로 ~이다
   梁父卽楚將項燕(양부즉초장항연) 항량의 부친은 바로 초나라 장수 항연이다.
   ② 즉각, 즉시
   點之卽飛去(점지즉비거) 점을 찍으면 즉시 날아간다.
(2) 更(경, 갱)
   ① (경) 때
   窓外三更雨(창외삼경우) 창밖엔 새벽비가 내린다.
   ② (경) 고치다
   良庖歲更刀(양포세경도) 훌륭한 백정은 일 년에 한 번 칼을 바꾼다.
   ③ (갱) 다시
   更上一層樓(갱상일층루) 다시 한 층의 누각을 오르다.

04 老吾老¹, 以及人之老. 幼吾幼², 以及人之幼.
노 오 로   이 급 인 지 로   유 오 유   이 급 인 지 유

『孟子맹자 · 梁惠王上양혜왕상』

중국어 발음

Lǎo wú lǎo, yǐ jí rén zhī lǎo. Yòu wú yòu, yǐ jí rén zhī yòu.

어휘 설명

1) 老吾老(노오로): 우리 집 노인을 노인 대접하다. 앞의 '老'는 동사로 사용하여 '노인으로 모시다', '받들다', '봉양하다'의 의미이다.
2) 幼吾幼(유오유): 우리 집 아이를 아이 대접하다. 앞의 '幼'는 동사로 사용하여 '아이로 키우다', '보살피다', '아끼다'의 의미이다.

어법 설명

(1) 以(이)
　　① 이유
　　必有以也(필유이야) 반드시 이유가 있다.
　　② (도구) ~로써, ~을 가지고
　　願以十五城請易璧(원이십오성청역벽) 열다섯 개의 성으로 구슬과 바꾸자고 청하길 원한다.
　　③ (앞의 내용을 받아) 그렇게 함으로써
　　作師說以貽之(작사설이이지) 「사설」을 지어 그에게 준다.
(2) 及(급)
　　① 미치다, 닿다, 도달하다
　　不及黃泉, 無相見也(불급황천, 무상견야) 황천에 가기 전에는 만나지 않겠다.
　　② ~와, ~과
　　予及汝偕亡(여급여해망) 나는 너와 함께 망할 것이다.

05 二人同心, 其利斷金¹. 同心之言, 其臭如蘭².
이 인 동 심　기 리 단 금　동 심 지 언　기 취 여 란

『周易주역·繫辭계사』

『周易주역·繫辭계사』

중국어 발음

Èr rén tóng xīn, qí lì duàn jīn. Tóng xīn zhī yán, qí chòu rú lán.

어휘 설명

1) 其(기): 그. 그것.
   利(리): 예리함. 날카로움.
   斷(단): 자르다.
2) 臭(취): 냄새. 향기.
   蘭(란): 난초.

어법 설명

如(여)
① 같다
   學如逆水行舟(학여역수행주): 배움은 물을 거슬러 가는 배와 같다.
   부정형은 '~와 같지 않다', '~만 못하다'의 의미로 '不如'를 사용한다.
   天時不如地利(천시불여지리) 하늘이 내려준 때는 지형적인 이점보다 못하다.
② 만약 ~라면
   洛陽親友如相問(낙양친우여상문) 낙양의 친구들이 물어보면.

01 三人行

三人行而一人惑¹, 所適者猶可致也². 惑者少也³. 二人惑則勞而不至⁴, 惑
삼 인 행 이 일 인 혹   소 적 자 유 가 치 야   혹 자 소 야   이 인 혹 즉 노 이 부 지   혹

者勝也⁵. 而今也以天下惑. 予雖有祈嚮⁶, 不可得也. 不亦悲乎?
자 승 야   이 금 야 이 천 하 혹   여 수 유 기 향   불 가 득 야   불 역 비 호

『莊子장자 · 天地천지』

중국어 발음 ▶

Sān rén xíng ér yī rén huò, suǒ shì zhě yóu kě zhì yě. Huò zhě shǎo yě. Èr rén huò zé
láo ér bú zhì, huò zhě shèng yě. Ér jīn yě yǐ tiān xià huò. Yǔ suī yǒu qí xiàng, bú kě dé
yě. Bú yì bēi hū?

해제

공자는 "세 사람이 길을 가면 반드시 거기에 나의 스승이 있다(三人行, 必有我師焉)"고 했다. 『주역』
에서는 "세 사람이 길을 가면 한 사람을 잃고, 한 사람이 길을 가면 친구를 얻는다(三人行, 則損一人.
一人行, 則得其友)"고 했다. 장자는 여기서 지혜로운 자가 있더라도 어리석은 다수에 의해 혼란을
벗어나지 못하는 현실을 냉철하게 비판하고 있다.

1) 惑(혹): 미혹되다. 의심하다. 여기서는 길을 몰라 헤매는 것을 말한다.
2) 適(적): 가다.
   猶(유): 오히려.
   致(치): 이르다. 도달하다.
3) 少也(소야): 적기 때문이다. 많지 않기 때문이다. 여기서의 '也'는 이유와 원인을 나타내는 종결형 어기조사이다.
4) 勞(노): 힘쓰다. 고생하다.
   至(지): 이르다. 도달하다.
5) 勝也(승야): 많기 때문이다. 다수이기 때문이다.
6) 祈嚮(기향): 바라는 목표. 嚮은 '향할 向(향)'과 같으며, '목표'의 뜻으로 쓰였다.

(1) 所~者(소~자): ~하는 바의 것, ~라는 것(사람)
   所愛者, 橈法活之(소애자, 요법활지) 아끼는 사람은 법을 구부려 그를 살린다.
(2) 雖(수): 접속사로 양보, 가정을 표현하여 '비록 ~더라도'의 의미로 사용된다.
   雖信美而無禮兮(수신미이무례혜) 비록 참으로 아름답지만 예의가 없다.
(3) 乎(호)
   ① (비교) ~보다
   學莫便乎近其人(학막편호근기인) 배움은 그 사람(스승)을 가까이 하는 것보다 이로운 것이 없다.
   ② ~에. ~에서. ~에게
   鷄鳴狗吠相聞, 而達乎四境(계명구폐상문, 이달호사경) 개와 닭 울음이 서로 들려 사방의 국경까지 이른다.
   ③ (의문형 문장종결) ~하는가
   王侯將相寧有種乎(왕후장상영유종호) 왕후장상이라고 어찌 종자가 따로 있겠는가?
   ④ 不亦~乎(불역~호): '또한 ~하지 않는가'의 의미로 반문을 표현한다.
   有朋自遠方來, 不亦樂乎(유붕자원방래, 불역락호) 벗이 먼 곳에서 오니 또한 즐겁지 않은가?

02 智子疑鄰

宋有富人, 天雨牆壞[1]. 其子曰, "不築[2], 必將有盜[3]." 其鄰人之父亦云[4]. 暮
송유부인　천우장괴　기자왈　불축　필장유도　기인인지부역운　모

而果大亡其財[5], 其家甚智其子[6], 而疑鄰人之父[7].
이 과 대 망 기 재　　기 가 심 지 기 자　　이 의 인 인 지 부

『韓非子한비자 · 說難세난』[8]

중국어 발음 ▶

Sòng yǒu fù rén, tiān yǔ qiáng huài. Qí zǐ yuē, "bú zhù, bì jiāng yǒu dào." Qí lín rén zhī
fù yì yún. Mù ér guǒ dà wáng qí cái, qí jiā shèn zhì qí zǐ, ér yí lín rén zhī fù.

해제

한비자(韓非子)는 「세난(說難)」에서 타인을 설득하는 일의 어려움을 설명한다. 사물은 의심의 시각
으로 바라보면 모든 것이 의심스럽지만 애정이 담긴 시각으로 바라보면 모든 것이 사랑스럽다.
'실부의린(失斧疑隣)' 또는 '의린도부(疑隣盜斧)'라고도 불리는 이 우화는 편견이 객관적인 판단을
방해한다고 빗댄다.

1) 牆(장): 담장.

    壞(괴): 무너지다.

2) 築(축): 쌓다. 짓다.

3) 盜(도): 도둑.

4) 亦云(역운): 역시 그렇게 말하다.

5) 暮(모): 저물다. 밤.

    果(과): 과연.

    亡(망): 잃다. 도둑맞다.

6) 甚(심): 심히. 매우. 아주.

    智其子(지기자): 그 아들을 지혜롭게 여기다. 여기서의 智는 동사로 쓰였으며, '지혜롭게 여기다'
    라는 뜻이다.

7) 疑(의): 의심하다.

8) 說(세 shuì): 유세하다, 설득하다.

어법 설명

將(장)

① 장수, 인솔하다, 거느리다

    陛下不能將兵, 而善將將(폐하불능장병, 이선장장) 폐하는 병사를 통솔하는 일에는 능하지 않으
    시나 장수를 잘 통솔하십니다.

② 장차 ~하려고 한다

    我將東徙(아장동사) 나는 장차 동쪽으로 이사가려고 한다.

「江雪강설」

柳宗元유종원

千山鳥飛絶[1],	천산조비절
萬徑人蹤滅[2].	만경인종멸
孤舟蓑笠翁[3],	고주사립옹
獨釣寒江雪[4].	독조한강설

Qiān shān niǎo fēi jué, wàn jīng rén zōng miè
Gū zhōu suō lì wēng, dú diào hán jiāng xuě

•작가 소개•

유종원(柳宗元, 773~819): 자는 자후(子厚)이며 중당(中唐) 시대의 문인. 한유와 함께 고문(古文)운동을 제창했으며 당송팔대가의 일원이다. 고향이 하동[河東, 지금의 산서(山西)]이라 유하동(柳河東)이라고도 부른다. 시와 문장을 막론하고 성취가 뛰어나며, 특히 그의 산수유기(山水遊記)가 유명하다.

1) 千山(천산): 천 개의 산, 곧 수많은 산.

　　絶(절): 끊어지다.

2) 萬徑(만경): 만 갈래의 길, 곧 수많은 길.

　　人蹤(인종): 사람의 발자취. 종적.

　　滅(멸): 없어지다. 사라지다. 끊어지다.

3) 蓑笠(사립): 도롱이와 삿갓. '도롱이'는 왕골 같은 풀로 엮은 비옷이다.

　　翁(옹): 늙은이.

4) 釣(조): 낚시하다.

우리말 번역

명구 명언

1. 옷은 새 옷보다 좋은 것이 없고, 사람은 옛 사람보다 좋은 것이 없다.

2. 다른 산에 있는 돌이라도 옥을 갈 수 있다.

3. 선비는 삼 일을 헤어져 있으면 다시 눈을 비비고 상대해야 한다.

4. 내 어버이를 잘 받들어 이로써 남의 부형에까지 미치고, 내 집 아이를 잘 보살펴 이로써 남의 아이에까지 미친다.

5. 두 사람이 마음을 합치면 그 날카로움이 쇠를 자른다. 마음을 합친 말은 그 냄새가 난초와 같이 향기롭다.

문장 이해

1. 세 사람이 길을 가다

   세 사람이 길을 가는데 한 사람이 길을 헤맨다면 목적지에는 도달할 수 있다. 헤매는 이가 적기 때문이다. 두 사람이 헤맨다면 수고만 할 뿐 이르지 못한다. 헤매는 이가 우세하기 때문이다. 그런데 지금은 천하가 길을 헤맨다. 내가 비록 바라는 방향이 있으나 얻을 수 없다. 어찌 슬프지 않은가?

2. 아들을 지혜롭다 여기고 이웃을 의심하다

송나라에 부자가 있었는데 하늘에서 비가 내려 담장이 무너졌다. 그 아들이 말했다. "다시 쌓지 않으면 반드시 앞으로 도둑이 들 것입니다." 이웃집 사람의 아버지도 또한 그렇게 말했다. 밤이 되어 과연 크게 재물을 도둑맞았다. 그 집에서는 아들을 매우 지혜롭다고 여기면서 이웃집 사람의 아버지를 의심했다.

한시 감상

강설

온 산에 새들이 사라지고
모든 길에 인적도 끊어졌네.
외로운 배엔 도롱이에 삿갓 쓴 노인
홀로 눈 내리는 강에서 낚시를 하네.

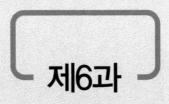

제6과

명구 명언

01 桃李不言¹, 下自成蹊².
　　도 리 불 언　　하 자 성 혜

『史記사기 · 李將軍列傳이장군열전』³

중국어 발음

Táo lǐ bù yán, xià zì chéng xī.

어휘 설명

1) 桃李: 복숭아와 오얏. 오얏은 자두를 말한다.
2) 成蹊(성혜): 오솔길이 생기다.
3) 李將軍(이장군): 한나라 때 장수 이광(李廣, ?~B.C.119)을 말한다. 활을 잘 쏘고 통솔력이 뛰어나 병사들의 신망이 두터웠고 흉노와의 전쟁에서 많은 공을 세웠다. 흉노들에게 비장군(飛將軍)으로 불리며 경외의 대상이었다고 한다.

어법 설명

自(자)
① 자기, 스스로
　欲勝人者必先自勝(욕승인자필선자승) 남을 이기려는 자는 반드시 먼저 자신을 이겨야 한다.
② 저절로, 자연히
　讀書百遍義自見(독서백편의자현) 책을 백 번 읽으면 의미는 저절로 드러난다.
③ ~로부터
　有朋自遠方來(유붕자원방래) 벗이 먼 곳에서 오다.

02 不知其子, 視其友¹. 不知其君², 視其左右³.
부 지 기 자 시 기 우 부 지 기 군 시 기 좌 우

『荀子순자 · 性惡성악』

중국어 발음

Bù zhī qí zǐ, shì qí yǒu. Bù zhī qí jūn, shì qí zuǒ yòu.

어휘 설명

1) 視(시): 보다. 살피다.
2) 君(군): 군왕. 임금.
3) 左右(좌우): 주변에 있는 사람. 여기서는 측근 신하를 말한다.

어법 설명

其(기)
① (3인칭 대명사) 그, 그것, 그의, 그 사람
   入其國者從其俗(입기국자종기속) 그 나라에 들어가는 사람은 그 풍속을 따라야 한다.
② 자기, 자신
   亦各言其志也(역각언기지야) 또한 각자 자신의 뜻을 말해 보거라.

03 樹欲靜而風不止¹, 子欲養而親不待².
수 욕 정 이 풍 부 지   자 욕 양 이 친 부 대

『韓詩外傳한시외전』

중국어 발음

Shù yù jìng ér fēng bù zhǐ, zǐ yù yǎng ér qīn bú dài.

어휘 설명

1) 靜(정): 고요하다. 조용하다. '動(동)'과 상대되는 개념이다.
   止(지): 그치다. 멈추다. 정지하다.
2) 子(자): 아들. 자식.
   養(양): 기르다. 봉양하다.
   親(친): 부모. 어버이.
   待(대): 기다리다. 대기하다.

어법 설명

(1) 欲(욕)
    ① (명사) 욕심
    患生於多欲(환생어다욕) 근심은 많은 욕심에서 생겨난다.
    ② (조동사) ~하려 하다, ~하길 바라다
    己欲立而立人(기욕립이입인) 스스로 서고 싶다면 다른 사람을 세우라.
(2) 而(이): 말을 이어주는 용법으로 역접, 순접 모두 가능하다.
    君子和而不同(군자화이부동) 군자는 화합할 뿐 동화되지는 않는다.

해제

『韓詩外傳(한시외전)』: 저자는 서한(西漢)의 학자 한영(韓嬰)이며 당시에 전하는 360개의 교훈적인
언행, 에피소드를 기록한 책. 대부분의 내용은 유가의 윤리도덕과 가치관이다. 구절 마다 『시경』의
시구를 인용하여 결론처럼 제시하는 형식이다.

04 吾假人¹, 遂忘之². 吾與人也, 如棄之³.
오 가 인　수 망 지　오 여 인 야　여 기 지

『說苑설원 · 立節입절』

중국어 발음

Wú jiǎ rén, suí wàng zhī. Wú yǔ rén yě, rú qì zhī.

어휘 설명

1) 吾(오): 나. 이 외에도 '我(아)', '余(여)', '予(여)' 등이 1인칭 대명사로 사용된다.
   假人(가인): 남에게 빌려주다. '人'은 대부분 남 또는 타인으로 해석한다.
2) 遂(수): 마침내. 곧 이에. 완성하다.
3) 如(여): ~와 같다.
   棄(기): 버리다.

어법 설명

(1) 假(가)
   ① 거짓
   以假亂眞(이가난진) 거짓으로 참을 어지럽히다.
   ② 빌리다
   征明假道(정명가도) 명을 정벌하려고 길을 빌린다.
   ③ 가령(설령) ~라도
   假有未居顯位者, 皆致之門下(가유미거현위자, 개치지문하) 가령 높은 지위에 있지 않은 자가
   있어도 모두 문하에 두었다.
(2) 與(여)
   ① 주다
   女抱兒還充, 又與金(여포아환충, 우여금) 여자가 아이를 안고 노충에게 돌아와 다시 황금을 주었다.
   ② ~와, ~와 더불어. 함께 하다
   與朋友交而不信乎(여붕우교이불신호) 친구와 사귐에 믿음이 없었는가?

05 厲之人¹, 夜半生其子², 遽取火而視之³, 汲汲然⁴, 唯恐其似己也⁵.
여 지 인   야 반 생 기 자   거 취 화 이 시 지   급 급 연   유 공 기 사 기 야

『莊子장자 · 天地천지』

『莊子장자 · 天地천지』

중국어 발음

Lì zhī rén, yè bàn shēng qí zǐ, jù qǔ huǒ ér shì zhī, jí jí rán, wéi kǒng qí sì jǐ yě.

어휘 설명

1) 厲之人(여지인): 문둥병에 걸린 사람, 곧 문둥병자. 厲는 '문둥병 癩(여)'의 약자이다.
2) 夜半(야반): 한밤중.
3) 遽(거): 황급히. 서둘러. 갑자기.
   取火(취화): 불을 가져오다.
4) 汲汲然(급급연): 황급한 모양. 허둥거리는 모양.
5) 唯(유): 오직. 오로지.
   唯恐(유공): 오로지 두려워하다. 오직 걱정은.
   似(사): 닮다. 비슷하다.

해제

『장자(莊子)』: 중국 전국(戰國)시대에 장주(莊周)가 지은 책. 도가(道家)의 대표 전적(典籍)으로, 현실에 구속되지 않는 정신의 자유를 강조하였다.

제2절 / 문장 이해

01 望梅止渴

魏武行役¹, 失汲道², 三軍皆渴³, 乃令曰, "前有大梅林⁴, 饒子⁵, 甘酸可
위 무 행 역　실 급 도　삼 군 개 갈　내 영 왈　전 유 대 매 림　요 자　감 산 가

以解渴⁶." 士卒聞之, 口皆出水, 乘此得及前源⁷.
이 해 갈　사 졸 문 지　구 개 출 수　승 차 득 급 전 원

『世說新語세설신어‧假譎가휼』

중국어 발음

Wèi Wǔ xíng yì, shī jí dào, sān jūn jiē kě, nǎi lìng yuē, "qián yǒu dà méi lín, ráo zǐ, gān
suān kě yǐ jiě kě." Shì zú wén zhī, kǒu jiē chū shuǐ, chéng cǐ dé jí qián yuán.

해제

『세설신어(世說新語)』: 남조(南朝) 송(宋)나라 때 유의경(劉義慶, 403~444)이 쓴 소설집. 한말(漢末)에서 동진까지 상류 문벌귀족들의 언행과 일화를 상세히 기록했다. 구전되는 이야기를 기록했으며 후대 필기문학(筆記文學)의 발전에 많은 영향을 주었다.

77
제6과

1) 魏武(위무): 위나라 무제 조조(曹操).
   行役(행역): 임무를 띠고 먼 길을 가다. 여기서는 군대를 이끌고 행군한다는 뜻이다.
2) 汲道(급도): 취수로.
3) 三軍(삼군): 군대의 총칭. 전군(全軍).
   渴(갈): 목이 마르다. 갈증에 시달리다.
4) 梅林(매림): 매실나무 숲.
5) 饒子(요자): 열매가 많다. 饒는 '넉넉하다', '풍요롭다'이며, 子는 '열매'를 말한다.
6) 甘酸(감산): 달고 시다. 달고 시큼하다.
   解渴(해갈): 갈증을 해소하다.
7) 乘此(승차): 이를 틈타다. 이에 힘입다.
   及(급): 닿다. 도달하다.
   源(원): 수원(水源), 곧 물이 솟는 곳.

(1) 乃(내)
   ① (2인칭 대명사) 너, 그대
   必欲烹乃翁, 幸分我一盃羹(필욕팽내옹, 행분아일배갱) 반드시 너의 아비를 삶으려 한다면 나에게도 한 그릇 국을 나눠주길 바란다.
   ② 곧, 바로
   人乃天(인내천) 사람이 바로 하늘이다.
   ③ 곧, 이에, 그리하여
   乃放老馬而隨之, 遂得道行(내방노마이수지, 수득도행) 이에 늙은 말을 풀어놓고 따라갔더니 마침내 길을 찾아갈 수 있었다.
(2) 得(득)
   ① (동사) 얻다
   得之於心而修身齊家(득지어심이수신제가) 이것을 마음에 얻어 '수신제가' 하다.
   ② (조동사) ~할 수 있다. 같은 용법으로 可, 能, 足, 足以, 得以 등이 있다.
   恐不得分路(공부득분로) 길을 비켜서 지나가지 못하게 될까 염려된다.

02 結草報恩

魏武子有嬖妾[1], 無子. 武子疾, 命顆曰[2], "必嫁是[3]." 疾病則曰[4], "必以爲
위무자유폐첩　무자　무자질　명과왈　　필가시　　질병즉왈　　필이위

殉[5]." 及卒[6], 顆嫁之曰, "疾病則亂, 吾從其治也[7]." 及輔氏之役[8], 顆見老人
순　급졸　과가지왈　질병즉란　오종기치야　급보씨지역　과견노인

結草以亢杜回[9], 杜回躓而顚[10]. 故獲之[11]. 夜夢之曰, "余, 而所嫁婦人之父
결초이항두회　두회지이전　고획지　야몽지왈　여　이소가부인지부

也. 爾用先人之治命[12], 余是以報."
야　이용선인지치명　　여시이보

『左傳좌전・宣公15年선공15년』

중국어 발음

Wèi Wǔzǐ yǒu bì qiè, wú zǐ. Wǔzǐ jí, mìng Kē yuē, "bì jià shì." Jí bìng zé yuē, "bì yǐ wéi
xùn." Jí zú, Kē jià zhī yuē, "jí bìng zé luàn, wú cóng qí zhì yě." Jí Fǔshì zhī yì, Kē jiàn lǎo
rén jié cǎo yǐ kàng Dù Huí, Dù Huí zhì ér diān, gù huò zhī. Yè mèng zhī yuē, "yú, ér
suǒ jià fù rén zhī fù yě. Ěr yòng xiān rén zhī zhì mìng, yú shì yǐ bào.

해제

『좌전(左傳)』: 중국 최초의 편년체(編年體) 사서 『춘추(春秋)』에 주석을 달아 해설한 책. 『좌씨전
(左氏傳)』,『좌씨춘추(左氏春秋)』,『좌전(左傳)』이라고도 부른다. 사마천은 좌구명(左丘明)이『좌
씨춘추』를 썼다고 했지만 이견도 많다.

1) 魏武子(위무자): 진나라 대부 위주(魏犨). 공자 중이(重耳)를 모시고 19년을 떠돌다 돌아와 대부가 되었다.
   嬖妾(폐첩): 총애하는 첩, 곧 애첩.
2) 顆(과): 위주의 아들 위과(魏顆).
3) 嫁(가): 시집가다. 시집보내다.
4) 疾病(질병): 고대에는 작은 병을 '疾'이라 하고 위중한 병을 '病'이라고 했다. 여기서의 '疾病'은 위중한 병에 걸렸음을 말한다.
5) 以爲(이위): ~를 ~로 만들다. ~로 삼다. 以之爲(이지위)에서 之를 생략한 용법이다.
   殉(순): 따라죽다. 순장하다.
6) 卒(졸): 죽다.
7) 治(치): 치료. 치료하다.
8) 輔氏之役(보씨지역): B.C.594년 진(秦)나라가 진(晉)나라를 침범했을 때 진(晉)나라의 위과가 보씨[輔氏, 지금의 섬서성(陝西省)]에서 진(秦)나라를 물리친 전쟁.
9) 結草(결초): 풀을 묶다.
   亢(항): 막다. 맞서다.
   杜回(두회): 진(秦)나라의 용맹한 장수.
10) 躓而顚(지이전): 넘어지고 자빠지다.
11) 獲(획): 사로잡다.
12) 先人(선인): 선친, 곧 돌아가신 아버지.
    治命(치명): 병이 위중하지 않았을 때의 명령.

(1) 而(이), 爾(이): 모두 2인칭 대명사로 너, 그대, 당신으로 해석된다. 그 외에도 汝, 女, 公 등이 있다.
   予豈不知而作(여기부지이작) 내가 어찌 너가 했다는 것을 모르겠는가?
(2) 是以(시이): 이 때문에, 이런 까닭으로, 그래서
   是以哭之(시이곡지) 이런 까닭으로 울고 있습니다.

「遊子吟유자음」[1]

孟郊맹교

慈母手中線[2],	자모수중선
遊子身上衣.	유자신상의
臨行密密縫[3],	임행밀밀봉
意恐遲遲歸[4].	의공지지귀
誰言寸草心[5],	수언촌초심
報得三春暉[6].	보득삼춘휘

Cí mǔ shǒu zhōng xiàn, yóu zǐ shēn shàng yī

Lín xíng mì mì féng, yì kǒng chí chí guī

Shéi yán cùn cǎo xīn, bào dé sān chūn huī

●작가 소개●

맹교(孟郊, 751~814): 중당 시기의 저명한 시인. 한유, 가도 등과 한맹시파 시인으로 분류된다. 가도와 마찬가지로 시어의 선택과 퇴고에 고심했기 때문에 "시수(詩囚)"라는 별칭을 얻었다. 오랫동안 과거에 낙방하여 실의하다가 46세에 처음으로 진사에 합격했다.

1) 遊子(유자): 나그네. 떠돌이.

2) 慈母(자모): 자애로운 어머니.

   手中線(수중선): 손 안에 든 실.

3) 臨行(임행): 떠날 즈음.

   密密(밀밀): 촘촘하다. 빽빽하다.

   縫(봉): 꿰매다. 기우다. 붙이다.

4) 恐(공): 두렵다.

   遲遲(지지): 더디다. 늦다.

5) 寸草心(촌초심): 한 마디 풀의 마음. 寸은 손가락 마디의 길이를 가리킨다.

6) 報得(보득): 보답할 수 있다.

   三春暉(삼춘휘): 봄날 3개월의 햇빛. 어머니의 따뜻한 사랑을 비유했다.

우리말 해석

명구 명언

1. 복숭아나무, 오얏나무는 말하지 않아도 그 아래엔 저절로 길이 생긴다.

2. 그 자식을 알지 못하면 그의 친구를 살피고 그 임금을 알지 못하면 그의 주변 신하들을 살피라.

3. 나무는 고요하고자 하나 바람이 그치지 않고 자식은 봉양하고자 하나 어버이는 기다리지 않는다.

4. 내가 다른 사람에게 빌려줄 때는 잊어버린 것처럼 하고 내가 다른 사람에게 줄 때는 버린 것처럼 한다.

5. 문둥병자가 한밤중에 자식을 낳았는데 서둘러 불을 가져와 아이를 비춰보았다. 그가 허둥거린 것은 오직 그 아이가 자신을 닮았을까 두려웠기 때문이다.

문장 이해

1. 매실나무를 바라보며 해갈을 멈추다
    위무제가 행군을 하는데 물 보급로를 잃어 전군이 모두 갈증에 시달렸다. 이에 명령을 내려 말하길, "앞에 큰 매실나무 숲이 있다. 열매가 많은데다 맛이 달고 시어서 해갈을 할 수 있다." 병사들이 이 말을 듣고 입에서 침이 흘러 이 틈에 전방에 있는 강에 닿을 수 있었다.

2. 풀을 묶어 은혜에 보답하다

위무자에게 애첩이 있었는데 아들이 없었다. 위무자가 병에 걸리지 아들 위과에게 명했다. "반드시 이 여자를 시집보내라." 병이 깊어지자 말했다. "반드시 이 여자를 순장시켜라." (아버지가) 죽자 두과는 그녀를 시집보내며 말했다. "병이 위중하면 정신이 어지럽다. 나는 정신이 온전할 때의 명을 따른 것이다." 보씨 전투에서 위과는 한 노인이 풀을 묶어 두회를 막는 것을 보았다. 두회는 넘어지고 자빠졌다. 이런 까닭으로 그를 사로잡았다. 밤에 꿈을 꾸었는데 말하기를, "나는 그대가 시집보낸 부인의 아버지입니다. 그대가 선친이 온전할 때의 명을 따랐기에 내가 이런 이유로 보답한 것이오."

한시 감상 ▶

나그네의 노래

인자하신 어머니 실을 손에 들고
길 떠나는 아들의 옷을 깁네.
떠나는 길 촘촘히 꿰매는 것은
돌아오는 길 더딜까 걱정하는 마음이네.
누가 말했던가, 짧은 풀 한 포기
봄날 햇볕의 은혜에 보답할 수 있다고.

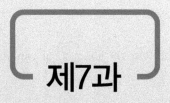

제7과

01 鳥之將死, 其鳴也哀[1]. 人之將死, 其言也善.
　　조 지 장 사 　 기 명 야 애 　 인 지 장 사 　 기 언 야 선

『論語논어 · 泰伯태백』

중국어 발음

Niǎo zhī jiāng sǐ, qí míng yě āi. Rén zhī jiāng sǐ, qí yán yě shàn.

어휘 설명

1) 鳴(명): 울다.
　　哀(애): 구슬프다. 애달프다. 애처롭다.

어법 설명

(1) 將(장)
　　① 장수, 인솔하다, 거느리다
　　其馬將胡駿馬而歸(기마장호준마이귀) 그 말은 오랑캐의 준마를 이끌고 돌아왔다.
　　② 장차 ~하려고 하다
　　天將以夫子爲木鐸(천장이부자위목탁) 하늘이 장차 선생님을 목탁으로 삼으실 것입니다.
(2) 也(야)
　　① 문미에 사용되어 문장의 종결을 표현한다.
　　人之性惡, 其善者僞也(인지성악, 기선자위야). 사람의 성품은 악하니 그 선한 것은 위선이다.
　　② 주어나 부사 뒤에 사용되어 강조를 표현한다.
　　今也則亡(금야즉무) 지금은 없다.

02 尾生與女子期於梁下¹, 女子不來, 水至不去², 抱柱而死³.

미 생 여 여 자 기 어 량 하   여 자 불 래   수 지 불 거   포 주 이 사

『莊子장자 · 盜跖도척』

Wěishēng yǔ nǚ zǐ qī yú liáng xià, nǚ zǐ bù lái, shuǐ zhì bú qù, bào zhù ér sǐ.

어휘 설명

1) 尾生(미생): 고대의 우화 속 등장인물. 고지식하게 약속을 잘 지킨 것으로 유명하다.
   期(기): 기약하다. 약속하다.
   梁(량): 다리. 교량.
2) 水至(수지): 물이 불어나다. 물이 차오르다.
3) 抱(포): 끌어안다.

어법 설명

(1) 於(어)
   ① ~에, ~에서
   患生於多欲(환생어다욕) 우환은 과욕에서 생겨난다.
   ② ~에게
   始吾於人也, 聽其言而信其行(시오어인야, 청기언이신기행) 처음 나는 다른 사람에게서 그의
   말을 듣고 그 행동을 믿었다.
   ③ ~보다(비교)
   指不可以大於臂(지불가이대어비) 손가락이 팔보다 클 수 없다.
(2) 至(지)
   ① 지극, 지극하다
   夫三尺童子, 至無知也(부삼척동자, 지무지야) 삼척동자는 지극히 무지하다.
   ② 이르다, 도착하다
   血流至足(혈류지족) 피가 다리까지 흘렀다.

03 後生可畏[1], 焉知來者之不如今也[2]!
후 생 가 외 언 지 래 자 지 불 여 금 야

『論語논어・子罕자한』

Hòu shēng kě wèi, yān zhī lái zhě zhī bù rú jīn yě.

어휘 설명

1) 後生(후생): 후배. 후진. 生은 서생(書生)을 의미한다.
   可畏(가외): 두려워할 만하다. 可는 조동사로 '~할 만하다'의 뜻이다.
2) 來者(래자): 장래. 곧 후생이 장래에 거둘 성취. 후생으로 해석해도 좋다.

어법 설명

焉(언)
① (의문사) 어찌, 어떻게
   塞翁失馬, 焉知非福(새옹실마, 언지비복) 변방의 늙은이가 말을 잃은 것이 복이 아닐지 어찌
   알겠는가?
② 於之(어지)의 축약형
   反身而誠, 樂莫大焉(반신이성, 낙막대언) 자신을 되돌아보아 정성을 다했다면 즐거움이 이보다
   클 수 없다.
③ 也(야), 矣(의)처럼 문장의 종결을 표시
   雖聖人亦有所不知焉(수성인역유소부지언) 비록 성인일지라도 또한 모르는 것이 있다.

04 雞肋¹, 棄之如可惜², 食之無所得.
계 륵　기 지 여 가 석　식 지 무 소 득

『三國志삼국지·魏書위서』

Jī lèi, qì zhī rú kě xī, shí zhī wú suǒ dé.

어휘 설명

1) 雞肋(계륵): 닭의 갈비. '雞'는 '鷄'의 본자(本字)이다.
2) 棄(기): 버리다.
   如(여): ~와 같다. ~인 듯하다.
   可惜(가석): 아깝다. 아쉽다. 애석하다.

어법 설명

所(소)
① '所+동사'구: ~하는 바. 구를 명사화 시키는 역할을 한다.
   春若不耕, 秋無所望(춘약불경, 추무소망) 봄에 밭 갈지 않으면 가을에 바랄 바가 없다.
② 곳, 장소
   各得其所(각득기소) 각자 제자리를 찾았다.

05 玉在山而草木潤¹, 淵生珠而崖不枯².
옥 재 산 이 초 목 윤   연 생 주 이 애 불 고

『荀子순자 · 勸學권학』

중국어 발음

Yù zài shān ér cǎo mù rùn, yuān shēng zhū ér yá bù kū.

어휘 설명

1) 潤(윤): 젖다. 윤기 있다.
2) 淵(연): 연못.
   珠(주): 구슬. 진주.
   崖(애): 절벽. 물가 언덕.
   枯(고): 마르다. 시들다.

01 七步成詩

文帝嘗令東阿王七步中作詩¹, 不成者行大法². 應聲便爲詩曰³, "煮豆持作
문 제 상 령 동 아 왕 칠 보 중 작 시   불 성 자 행 대 법   응 성 변 위 시 왈   자 두 지 작

羹⁴, 漉菽以爲汁⁵. 其在釜下燃⁶, 豆在釜中泣⁷. 本自同根生⁸, 相煎何太
갱   록 숙 이 위 즙   기 재 부 하 연   두 재 부 중 읍   본 자 동 근 생   상 전 하 태

急⁹?" 帝深有慚色¹⁰.
급   제 심 유 참 색

『世說新語세설신어·文學문학』

Wéndì cháng lìng Dōng'āwáng qī bù zhōng zuò shī, bù chéng zhě xíng dà fǎ. Yìng
shēng biàn wéi shī yuē, "zhǔ dòu chí zuò gēng, lù shū yǐ wéi zhī. Qí zài fǔ xià rán, dòu
zài fǔ zhōng qì. Běn zì tóng gēn shēng, xiāng jiān hé tài jí.' Dì shēn yǒu cán sè.

해제

> 조비(曹丕)와 조식(曹植)은 조조(曹操)의 아들들로 후계자 자리를 놓고 다투었다. 아우 조식은 재능
> 이 뛰어나 조조의 총애를 많이 받았지만 결국 장남 조비가 후계자로 결정되었다. 조비는 즉위 후에
> 도 아우의 세력을 견제했고, 칠보시는 두 형제의 엇갈린 운명을 배경으로 탄생했다.

1) 文帝(문제): 위(魏)나라 문제 조비(曹丕). 조조와 변부인(卞夫人) 사이의 장남이다.
   東阿王(동아왕): 위문제의 동생 조식(曹植). 조조와 변부인 사이의 셋째 아들로 시인으로도
   명성이 높다.
2) 大法(대법): 큰 벌. 여기서는 사형을 말한다.
3) 應聲(응성): 소리에 응답하다. 조비의 말이 떨어지자마자 곧바로 응답했음을 말한다.
   便(변): 곧장. 바로.
4) 煮豆持作羹(자두지작갱): 콩을 삶아 국을 만들다.
5) 漉菽以爲汁(녹숙이위즙): 콩을 걸러 즙을 만들다.
6) 其在釜下燃(기재부하연): 콩대가 솥 아래에서 불타다.
7) 泣(읍): 울다.
8) 同根(동근): 같은 뿌리.
9) 煎(전): 달이다. 졸이다.
10) 慚色(참색): 부끄러운 안색.

(1) 令(령)
    ① 명령, 명령하다
    朝令夕改(조령석개) 아침에 명령하고 저녁에 바꾼다.
    ② (사역) ~에게 ~하게 하다
    利令智昏(이영지혼) 이익은 지혜로운 사람을 혼미하게 한다.
    ③ 좋은, 훌륭한
    早有令名(조유영명) 어려서 훌륭한 명성이 있었다.
(2) 以爲(이위)
    ① ~로 삼다.
    作何生意以爲糊口之計(작하생의이위호구지계) 무슨 장사를 하여 호구지책을 삼겠는가?
    ② ~라고 여기다(생각하다)
    自以爲是(자이위시) 스스로 옳다 여기다.

02 刻舟求劍

楚人有涉江者[1], 其劍自舟中墜於水[2], 遽刻其舟曰[3], "是吾劍之所從墜也"[4].
초 인 유 섭 강 자   기 검 자 주 중 추 어 수   거 각 기 주 왈   시 오 검 지 소 종 추 야

舟止, 從其所刻者入水求之. 舟已行矣[5], 而劍不行. 求劍若此[6], 不亦惑
주 지   종 기 소 각 자 입 수 구 지   주 이 행 의   이 검 불 행   구 검 약 차   불 역 혹

乎[7]?
호

『呂氏春秋여씨춘추 · 察今찰금』

중국어 발음

Chǔ rén yǒu shè jiāng zhě, qí jiàn zì zhōu zhōng zhuì yú shuǐ, jù kè qí zhōu yuē, "shì wú jiàn zhī suǒ cóng zhuì yě." Zhōu zhǐ, cóng qí suǒ kè zhě rù shuǐ qiú zhī. Zhōu yǐ xíng yǐ, ér jiàn bù xíng. Qiú jiàn ruò cǐ, bú yì huò hū?

 해제

찰금(察今)이란 현재를 살핀다는 뜻이다. 진(秦)나라는 천하를 통일한 이후 강력한 중앙집권을 시행하면서 사회 체제를 크게 바꾸었다. 이 글은 옛 것을 고집하며 새로운 시대에 적응하지 못하는 구태의연함을 강물에 빠진 검을 찾는 자에다 풍자했다.

1) 涉(섭): 건너다.
2) 自(자): ~로부터.
   墜(추): 떨어지다. 추락하다.
3) 遽(거): 급히. 재빨리.
   刻(각): 새기다.
4) 是(시): 여기. 이곳.
   從(종): 따르다. 좇다.
5) 已(이): 이미.
6) 若此(약차): 이와 같다. '如此(여차)'와 같다.
7) 不亦惑乎(불역혹호): 또한 어리석지 아니한가. 惑은 '어리석다'라는 뜻이다.

어법 설명

(1) 已(이)
   ① 이미, 벌써
   寡人已知將軍能用兵矣(과인이지장군능용병의) 과인은 장군이 용병에 능함을 이미 알고 있었소.
   ② 그만두다
   死而後已(사이후이) 죽은 후에야 그만두다.
(2) 乎(호)
   ① (비교) ~보다
   莫大乎與人爲善(막대호여인위선) 다른 사람과 함께 선을 행하는 것보다 큰 것은 없다.
   ② ~에, ~에서, ~에게
   吾獨困窮乎此時也(오독곤궁호차시야) 나만 유독 이 때에 곤궁했다.
   ③ (의문형 문장종결) ~하는가
   壯士, 能復飮乎(장사, 능부음호) 장사로다, 다시 마실 수 있는가?

「賦得古原草送別부득고원초송별」[1]

白居易백거이

離離原上草[2],　　　　이리원상초
一歲一枯榮[3].　　　　일세일고영
野火燒不盡[4],　　　　야화소부진
春風吹又生[5].　　　　춘풍취우생
遠芳侵古道[6],　　　　원방침고도
晴翠接荒城[7].　　　　청취접황성
又送王孫去[8],　　　　우송왕손거
萋萋滿別情[9].　　　　처처만별정

Lí lí yuán shàng cǎo, yī suì yī kū róng

Yě huǒ shāo bú jìn, chūn fēng chuī yòu shēng

Yuǎn fāng qīn gǔ dào, qíng cuì jiē huāng chéng

Yòu sòng wáng sūn qù, qī qī mǎn bié qíng

●작가 소개●

백거이(白居易, 772~846): 중당 때의 시인으로 자(字)는 낙천(樂天)이며 향산거사(香山居士)라고도 불렀다. 젊은 시절 신악부(新樂府)운동을 주도하며 현실 정치를 비판하는 풍유시(諷諭詩) 창작에 몰두했으나 강주 사마로 좌천된 후 은거 생활의 정취를 표현하는 한적시(閒適詩)를 많이 썼다. 시는 표현이 쉬워야 한다는 지론이 있어 시가 완성되면 옆집의 노파에게 보여주고 고쳤다는 일화가 유명하다.

1) 賦得(부득): 정해진 시의 제목이 있거나 다른 사람의 시구를 제목으로 차용할 때 제목 앞에 붙이는 용어. '~를 제목으로 한다'라는 의미이다.
2) 離離(이리): 풀이 새파랗게 무성한 모양.
3) 歲(세): 한 해. 일 년.
   枯榮(고영): 시듦과 번성함.
4) 野火(야화): 들불.
   燒不盡(소부진): 다 태우지 못하다.
5) 吹(취): 바람이 불다.
6) 遠芳(원방): 먼 곳에서 불어오는 꽃향기.
   侵(침): 엄습하다. 번지다. 스며들다.
   古道(고도): 옛길. 오래된 길.
7) 晴翠(청취): 산뜻하고 깨끗한 초록빛. 晴은 날씨가 개다라는 뜻이고, 翠는 비취이다.
8) 王孫(왕손): 귀족의 후예. 여기서는 먼 곳으로 가는 친구를 가리킨다.
9) 萋萋(처처): 풀이 무성하게 우거진 모양.

우리말 해석

1. 새가 죽으려 할 때는 그 울음이 슬프고, 사람이 죽으려 할 때는 그 말이 선하다.

2. 미생이 여자와 다리 밑에서 만나기로 약속했다. 여자가 오지 않았지만 물이 차오르도록 떠나지 않다가 익사하였다.

3. 후학이 두려워할 만하니 그의 장래가 지금 나만 못하다고 어찌 알겠는가?

4. 닭갈비는 버리자니 아까운 것 같고, 먹자니 얻는 바가 없다.

5. 옥이 산에 있어 초목에 윤기가 나고, 연못이 진주를 품고 있어 물기슭이 마르지 않는다.

문장 이해

1. 일곱 걸음 안에 시를 짓다
   위문제가 일찍이 동아왕에게 일곱 걸음 걷는 중에 시를 짓되 완성하지 못하면 사형에 처한다고 명한 적이 있다. 명령에 응답하며 바로 시를 지어 말했다. "콩을 삶아 국을 만들고, 콩을 걸러 즙을 만든다. 콩대는 솥 아래에서 불타고, 콩은 솥 안에서 울어대다. 본래 한 뿌리에서 났건만 서로 졸여댐이 어찌 이리 급한지!" 문제가 심히 부끄러운 빛이 있었다.

2. 배에 자국을 새겨 검을 찾다

  초나라 사람 중에 강을 건너는 자가 있었다. 그의 검이 배 안에서 강물로 빠지자 급히 그 배에 표시를 새기더니 말했다. "여기가 내 칼이 떨어진 곳이다." 배가 멈추자 새겨놓은 그곳에서 강물로 뛰어 들어가 검을 찾았다. 배는 이미 갔지만 검은 가지 않았다. 검을 찾은 것이 이와 같으니 또한 어리석지 않은가?

한시 감상 ▶

오래된 들녘의 풀을 노래하여 송별하다

우거진 저 들녘의 풀
해마다 시들었다가도 무성해지네.
들판의 불길에도 다 타지 않고
봄바람 불면 다시 피어나네.
아득한 향기는 옛길에 스며들고
눈부신 초록빛 황폐한 성터에 뻗어있네.
또 그대를 보내나니
이별의 정 풀처럼 무성하네.

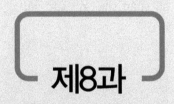

제8과

01 醉翁之意不在酒¹, 在乎山水之間也².
취 옹 지 의 부 재 주   재 호 산 수 지 간 야

歐陽修구양수 「醉翁亭記취옹정기」

중국어 발음

Zuì wēng zhī yì bú zài jiǔ, zài hū shān shuǐ zhī jiān yě.

어휘 설명

1) 醉翁(취옹): 구양수(1007~1072)의 호. 구양수는 북송 때의 저명한 정치가이자 문인이다.
   意(의): 뜻. 생각. 마음.
2) 山水(산수): 자연 경치.

어법 설명

(1) 在乎(재호): ~에 있다. 在於(재어)의 용법과 같다.
   所重者在乎色樂珠玉(소중자재호색락주옥) 중히 여기는 바가 여색의 쾌락과 주옥에 있다.

해제

「취옹정기(醉翁亭記)」: 북송의 문인 구양수가 권력투쟁에 휘말려 저주(滁州, 지금의 안휘성安徽省)로 좌천되었을 때 지은 산문. 구양수는 당시 낭야산(琅琊山)의 정자에 올라 저주의 아름다운 풍경을 자주 감상했는데 스스로 '취옹(醉翁, 술 취한 늙은이)'이라는 호를 짓고 그 정자를 '취옹정(醉翁亭)'이라 불렀다.

02 浮生若夢, 爲歡幾何? 古人秉燭夜遊, 良有以也.
부 생 약 몽　위 환 기 하　고 인 병 촉 야 유　양 유 이 야

李白이백「春夜宴桃李園序춘야연도리원서」

중국어 발음

Fú shēng ruò mèng, wéi huān jǐ hé? Gǔ rén bǐng zhú yè yóu, liáng yǒu yǐ yě.

어휘 설명

1) 浮生(부생): 떠다니는 인생.
2) 幾何(기하): 얼마. 수량을 물어보는 의문사.
3) 秉(병): (손으로) 잡다.
   燭(촉): 촛불. 등불.
   遊(유): 놀다.
4) 良(량): 진실로.
   以(이): 이유. 까닭.

어법 설명

若(약)
① ~와 같다
   傍若無人(방약무인) 곁에 사람이 없는 것 같다.
② 가정법: 만약 ~라면
   若其不勝, 爲罪已甚(약기불승, 위죄이심) 만약 이기지 못한다면 죄가 심하다.
③ 2인칭 대명사: 너, 그대
   吾翁卽若翁(오옹즉약옹) 내 아버지가 곧 너의 아버지이다.

해제

「춘야연도리원서(春夜宴桃李園序)」: 당대의 시인 이백(701~762)이 봄날 밤 친척, 친구들과 연회를 열어 음주와 시를 즐기며 자신의 회포를 쓴 글. 낭만적이고 자유분방한 이백의 기질이 드러난 명문으로 평가받는다.

03 物必先腐也¹, 而後蟲生之². 人必先疑也³, 而後讒入之⁴.
물 필 선 부 야　이 후 충 생 지　인 필 선 의 야　이 후 참 입 지

蘇軾소식 「範增論범증론」

Wù bì xiān fǔ yě ér hòu, chóng shēng zhī. Rén bì xiān yí yě ér hòu, chán rù zhī.

어휘 설명

1) 物(물): 사물. 만물.
   腐(부): 썩다. 부패하다.
2) 蟲(충): 벌레
3) 疑(의): 의심하다.
4) 讒(참): 참소하다. 헐뜯다.

해제

「범증론(範增論)」: 북송의 대문호 소식(1037~1101, 호는 동파東坡)이 쓴 정론문. 범증은 항우의 책사였으나 진평(陳平)의 이간책으로 유방과 내통한다는 의심을 받고 항우를 떠났다. 소동파는 이 글에서 범증의 능력을 높이 평가하며 그가 항우를 떠난 시점이 적절하지 않았다고 지적했다.

04 人固有一死¹, 或重於泰山, 或輕於鴻毛², 用之所趨異也³.

인 고 유 일 사   혹 중 어 태 산   혹 경 어 홍 모   용 지 소 추 이 야

司馬遷사마천 「報任安書보임안서」

중국어 발음

Rén gù yǒu yī sǐ, huò zhòng yú Tàishān, huò qīng yú hóng máo, yòng zhī suǒ qū yì yě.

어휘 설명

1) 固(고): 진실로. 참으로.
2) 輕於(경어): ~보다 가볍다. 여기서 '於'는 비교급으로 '~보다'로 해석한다.
   鴻(홍): 큰 기러기.
3) 趨(추): 달리다. 추구하다. 뒤쫓다.
   異(이): 다르다.

어법 설명

(1) 或(혹)~或(혹): 혹은 ~하기도 하고, 혹은 ~하기도 한다. 의문이나 추측을 나타낸다.
   或生而知之, 或學而知之(혹생이지지, 혹학이지지) 혹은 나면서 알기도 하고 혹은 배워서 알기
   도 한다.
(2) 所(소)
   ① 所+동사의 형태: ~하는 바. 구를 명사화 시키는 역할을 한다.
   從心所欲, 不踰矩(종심소욕, 불유구) 마음이 바라는 바를 따르지만 법도를 넘지 않는다.
   ② 곳, 장소
   此何所也(차하소야) 여기는 어느 곳인가?

해제

「보임안서(報任安書)」: 『사기(史記)』의 저자 사마천(司馬遷, B.C.145?~B.C.86?)이 친구 임안(任安)
에게 쓴 편지. 사마천은 이 글에서 자신이 궁형을 받고 치욕과 분노를 느꼈지만 부친의 유언을
받들어 『사기』를 완성하기 위해 자결하지 않았음을 밝혔다.

05 秦王發圖¹, 圖窮而匕首見². 因左手把秦王之袖³, 而右手持匕首揕之⁴.

진 왕 발 도   도 궁 이 비 수 현   인 좌 수 파 진 왕 지 수   이 우 수 지 비 수 침 지

『史記사기·刺客列傳자객열전』

Qín wáng fā tú, tú qióng ér bǐ shǒu xiàn. Yīn zuǒ shǒu bǎ qín wáng zhī xiù, ér yòu shǒu chí bǐ shǒu zhēn zhī.

어휘 설명

1) 秦王(진왕): 진시황.
   發(발): 펴다.
   圖(도): 그림. 지도
2) 窮(궁): 끝나다. 다하다.
   匕首(비수): 비수. 단검.
3) 因(인): 그래서.
   把(파): (손으로) 잡다.
   袖(수): 소매.
4) 揕(침): 찌르다.

어법 설명

見(견, 현)
   '보다(견)', '나타나다(현)' 두 가지 의미가 있다. 여기서는 나타나다, 드러나다의 의미이다.
   天下有道則見(천하유도즉현) 천하에 도가 있으면 세상에 나온다.

01 效顰

西施病心而顰其里[1], 其里之醜人見而美之[2], 歸亦捧心而顰其里[3]. 其里之
서 시 병 심 이 빈 기 리　　　기 리 지 추 인 견 이 미 지　　　귀 역 봉 심 이 빈 기 리　　　기 리 지

富人見之, 堅閉門而不出[4]. 貧人見之, 挈妻子而去走[5]. 彼知顰美而不知
부 인 견 지　　　견 폐 문 이 불 출　　　빈 인 견 지　　　설 처 자 이 거 주　　　피 지 빈 미 이 부 지

顰之所以美[6].
빈 지 소 이 미

『莊子장자·天運천운』

중국어 발음

Xī shī bìng xīn ér pín qí lǐ, qí lǐ zhī chǒu rén jiàn ér měi zhī, guī yì pěng xīn ér pín qí lǐ.
Qí lǐ zhī fù rén jiàn zhī, jiān bì mén ér bù chū. Pín rén jiàn zhī, qiè qī zǐ ér qù zǒu. Bǐ
zhī pín měi ér bù zhī pín zhī suǒ yǐ měi.

해제

효빈(效顰)은 맹목적으로 타인을 흉내내거나 따라하는 행동을 말한다. 현상의 본질을 살피지 않고
외면적 형태만을 중시하는 것을 비판하는 성어이다. 장자는 이 비유를 통해 유가의 예법이 현 시대
에 맞지 않음을 풍자했다. 동시효빈(東施效顰), 서시빈목(西施矉目)이라고도 한다.

1) 西施(서시): 춘추시대 월(越)나라의 이름난 미인.
   心(심): 심장. 가슴.
   顰(빈): 찡그리다. 이마를 찌푸리다.
   里(리): 마을
2) 醜人(추): 추녀.
3) 捧(봉): 받들다. 붙잡다.
4) 堅(견): 굳게. 단단히.
   閉門(폐문): 문을 닫다.
5) 挈(설): 이끌다. 거느리다.
6) 彼(피): (3인칭 대명사) 저. 저사람.

之所以(지소이)

　　所以는 명사로 '까닭', '이유'의 의미이다. 따라서 '之所以'는 '~의 ~한 이유', 혹은 '~가 ~한 이유'로 해석된다.

　　先王之所以爲法者, 何也(선왕지소이위법자, 하야) 선왕께서 법을 제정한 이유는 무엇인가?

02 脣亡齒寒

晉獻公以垂棘之璧[1], 假道於虞而伐虢[2]. 大夫宮之奇諫曰[3], "不可. 脣亡而
진 헌 공 이 수 극 지 벽　　가 도 어 우 이 벌 괵　　대 부 궁 지 기 간 왈　　불 가　순 망 이

齒寒[4], 虞·虢相救, 非相德也. 今日晉滅虢[5], 明日虞必隨之亡[6]." 虞君不
치 한　우　괵 상 구　비 상 덕 야　금 일 진 멸 괵　　명 일 우 필 수 지 망　　우 군 불

聽, 受其璧而假之道. 晉已取虢[7], 還反滅虞[8].
청　수 기 벽 이 가 지 도　진 이 취 괵　　환 반 멸 우

『韓非子한비자 · 喩老유로』

중국어 발음

Jìn Xiàngōng yǐ chuí jí zhī bì, jiǎ dào yú Yú ér fá Guó. Dà fū Gōng zhīqí jiàn yuē, "bù
kě. Chún wáng ér chǐ hán, Yú Guó xiāng jiù, fēi xiāng dé yě. Jīn rì Jìn miè Guó, míng rì
Yú bì suí zhī wáng." Yú jūn bù tīng, shòu qí bì ér jiǎ zhī dào. Jìn yǐ qǔ Guó, huán fǎn
miè Yú.

 해제

순망치한은 입술이 없으면 이가 시리다는 말로 가까운 곳에 있는 한 쪽이 망하면 다른 한 쪽도
위험해짐을 의미한다. 이 고사는 『좌전(左傳) · 희공(僖公)5년』에 기록되어 있는데 『한비자』에서
인용했다.

1) 晉獻公(진헌공): 춘추시대 진나라의 군주로 26년간 재위했다.

   垂棘之璧(수극지벽): 수극산(垂棘山)에서 생산되는 벽옥. 우나라 임금이 미옥(美玉)을 유독 좋
   아했다.

2) 假(가): 빌리다.

   虞(우): 춘추시대 제후국으로 지금의 산서성(山西省)에 위치했다.

   伐(벌): 치다. 정벌하다. 공격하다.

   虢(괵): 춘추시대 제후국으로 지금의 하남성(河南省)에 위치했다.

3) 宮之奇(궁지기): 우나라의 간의대부(諫議大夫).

   諫(간): 간하다. 윗사람에게 의견을 올려 잘못된 일을 지적하다.

4) 脣(순): 입술.

   亡(망): 없다. 없어지다.

5) 滅(멸): 멸하다. 멸망하다.

6) 隨(수): 따르다. 뒤쫓다.

7) 取(취): 취하다. 갖다

8) 還(환): 돌아오다.

(1) 已(이)

   ① 이미. 벌써

   萬事分已定(만사분이정) 모든 일의 분수가 이미 정해졌다.

   ② 그만두다

   鷄鳴不已(계명불이) 닭 울음소리가 그치지 않다.

(2) 反(반)

   ① 반대. 반대하다

   害者, 利之反也(해자, 이지반야) 해로움은 이로움의 반대이다.

   ② 돌아오다. 返(반)과 같다

   反而登舟(반이등주) 돌아와 배에 오르다.

   ③ 도리어. 오히려

   反以我爲讎(반이아위수) 도리어 나를 원수로 생각한다.

「何滿子하만자」[1]

張祜장호

故國三千里,	고국삼천리
深宮二十年.[2]	심궁이십년
一聲何滿子,	일성하만자
雙淚落君前.[3]	쌍루낙군전

gù guó sān qiān lǐ, shēn gōng èr shí nián.
yī shēng hé mǎn zǐ, shuāng lèi luò jūn qián.

● 작가 소개 ●

장호(張祜, 785?~849?) : 중당 때의 시인으로 뛰어난 시재(詩才)로 명성을 얻어 해내명사(海內名士)라는 칭호가 있었다. 동료들이 그를 황제에게 추천했지만 원진(元稹)의 질투를 받아 관직에 나가지 못하고 평생 은거하며 일생을 마쳤다. 『전당시(全唐詩)』에 349수의 시가 수록되어 있다.

1) 何滿子(하만자): 당나라 때 교방곡(敎坊曲)으로 당시 널리 유행하던 음악 곡조. 교방은 음악과 무도를 장관하던 관청을 말한다.
2) 深宮(심궁): 깊은 궁궐 속.
3) 雙淚(쌍루): 두 줄기 눈물.
   君(군): 임. 임금.

우리말 해석

명구 명언 ▶

1. 취옹의 뜻은 술에 있지 않으며 산수의 경치에 있다.

2. 떠도는 인생은 꿈과 같으니 즐거울 때가 얼마나 되는가? 옛 사람들이 등불을 들고 밤이 새도록 놀았던 것이 참으로 이유가 있었다.

3. 사물은 반드시 먼저 썩은 후에야 벌레가 생긴다. 사람은 반드시 먼저 의심이 든 후에야 모함이 먹혀든다.

4. 사람은 진실로 한 번은 죽기 마련인데, 때로는 태산보다 무겁기도 하고 때로는 기러기 털보다 가볍기도 하니 삶으로 추구하는 바가 다르기 때문이다.

5. 진왕이 지도를 펼쳤는데 지도가 끝나자 비수가 나왔다. 왼손으로 진왕의 소매를 잡고 오른손으로 비수를 들어 그를 찔렀다.

문장 이해 ▶

1. 찡그리는 것을 따라하다

   서시가 심장에 병이 있어 찡그리며 마을을 다녔다. 그 마을의 추녀가 보고서 아름답다고 생각되어 돌아가 또 가슴 위에 손을 얹고 찡그리며 마을을 다녔다. 그 마을의 부자가 그것을 보고 문을 굳게 닫고 나오지 않았다. 가난한 사람들은 그것을 보고 처자를 데리고 떠났다. 그녀는 찡그리는 아름다움은 알았지만 찡그리는 것이 아름다운 이유는 알지 못했다.

2. 입술이 없어지면 이가 시리다

　진나라 헌공이 수극산의 벽옥을 주면서 우나라에게 길을 빌려 괵나라를 치려고 했다. 우나라 대부 궁지기가 간언하였다. "안됩니다. 입술이 없어지면 이가 시린 법입니다. 우나라와 괵나라가 서로 돕는 것은 서로 덕을 베푸는 것이 아닙니다. 오늘 진나라가 괵나라를 멸망시키면 내일 우나라가 틀림없이 뒤따라 멸망하게 될 것입니다." 우나라 임금이 듣지 않고 그 벽옥을 받고 길을 빌려주었다. 진나라는 이미 괵나라를 취하고 돌아오면서 도리어 우나라를 멸망시켰다.

한시 감상

하만자

내 고향 삼천리
구중궁궐에서 이십 년 세월.
하만자 한 곡조에
뜨거운 눈물 임금 앞에 떨구네.

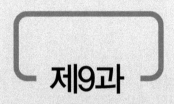

제9과

01 孤之有孔明¹, 猶魚之有水也².
고 지 유 공 명   유 어 지 유 수 야

『三國志삼국지·蜀書촉서』

중국어 발음

Gū zhī yǒu Kǒngmíng, yóu yú zhī yǒu shuǐ yě.

어휘 설명

1) 孤(고): 임금이 자신을 낮춰 부르는 말.
   孔明(공명): 삼국 시대 촉나라의 재상 제갈량(諸葛亮).
2) 猶(유): ~와 같다.

어법 설명

猶(유)
① 오히려
   餘寒猶厲(여한유려) 늦추위가 오히려 매섭다.
② ~와 같다
   過猶不及(과유불급) 지나침은 모자람과 같다.

02 人之常情¹, 愛之則見其是, 惡之則見其非.
인 지 상 정 　 애 지 즉 견 기 시 　 오 지 즉 견 기 비

『近思錄근사록 · 政事정사』

중국어 발음

Rén zhī cháng qíng, ài zhī zé jiàn qí shì, è zhī zé jiàn qí fēi.

어휘 설명

1) 常(상): 항상. 변치 않는. 불변의.

어법 설명

(1) 是
　① 이. 이것. 此(차)와 같다.
　是心足以王矣(시심족이왕의) 이 마음이면 족히 왕도정치를 할 수 있다.
　② 옳다
　是非之心, 人皆有之(시비지심, 인개유지) 옳고 그름을 따지는 마음을 사람은 모두 갖고 있다.
　③ ~이다
　問今是何世(문금시하세) 지금이 어느 시대인지 물었다.
(2) 惡(악, 오)
　① (악 è) 악, 악하다
　見善如渴, 聞惡如聾(견선여갈, 문악여롱) 선한 일을 들으면 갈증나는 듯이 하고 악한 일을 들으면 귀머거리처럼 하라.
　② (오 wù) 미워하다, 싫어하다
　惡醉而強酒(오취이강주) 취하는 것을 싫어하면서도 억지로 술을 마신다.
　③ (오 wū) 어찌
　彼惡知之(피오지지) 저들이 어찌 그것을 알겠는가?

 해제

『근사록(近思錄)』: 1175년 북송의 성리학자 주희(朱熹)가 여조겸(呂祖謙)과 함께 엮은 책. 두 사람은 주돈이(周敦頤), 장재(張載), 정호(程顥), 정이(程頤)의 글을 읽다가 초학자가 성리학에 쉽게 접근할 수 있도록 이들의 글에서 622조의 구절을 발췌하여 책으로 엮었다.

03 廣出獵¹, 見草中石, 以爲虎而射之², 中石沒矢³.
광 출 렵　　견 초 중 석　　이 위 호 이 사 지　　중 석 몰 시

『漢書한서·李廣傳이광전』

중국어 발음

Guǎng chū liè, jiàn cǎo zhōng shí, yǐ wéi hǔ ér shè zhī, zhòng shí mò shǐ.

어휘 설명

1) 廣(광): 한나라의 명장 이광(李廣, ?~B.C.119).
　　獵(렵): 사냥. 사냥하다.
2) 射(사): (활이나 총을) 쏘다.
3) 沒(몰): 빠지다. 잠기다.
　　矢(시): 화살.

어법 설명

(1) 以爲(이위)
　　① ~라고 여기다(생각하다)
　　他日聞鍾, 以爲日也(타일문종, 이위일야) 다른 날 종소리를 듣고 해라고 생각했다.
　　② ~로 삼다: 以之爲(이지위)에서 之를 생략한 용법
　　軍中無以爲樂(군중무이위락) 군중에는 즐거움을 삼을 만한 일이 없었다.
(2) 中(중)
　　① (zhōng) 가운데
　　事變中起(사변중기) 일은 변화 속에서 일어난다.
　　② (zhòng) 적중하다
　　百發百中(백발백중) 백 번 쏘아 백 번 적중하다.

04 王者以民人爲天¹, 而民人以食爲天.
왕 자 이 민 인 위 천   이 민 인 이 식 위 천

『史記사기 · 酈生陸賈列傳역생육가열전』

『史記사기 · 酈生陸賈列傳역생육가열전』

중국어 발음

Wáng zhě yǐ mín rén wéi tiān, ér mín rén yǐ shí wéi tiān.

어휘 설명

1) 王者(왕자): 왕. 통치자.
   民人(민인): 인민. 백성.

어법 설명

以A爲B(이A위B): A를 B로 삼다, A를 B로 여기다
   以長安君爲質(이장안군위질) 장안군을 인질로 삼다.

05 飛鳥盡¹, 良弓藏². 狡兔死³, 走狗烹⁴.

비 조 진   양 궁 장   교 토 사   주 구 팽

『史記사기・越王勾踐世家월왕구천세가』

중국어 발음

Fēi niǎo jìn, liáng gōng cáng. Jiǎo tù sǐ, zǒu gǒu pēng.

어휘 설명

1) 盡(진): 다하다. 없어지다.
2) 良弓(양궁): 좋은 활.
   藏(장): 감추다.
3) 狡兔(교토): 교활한 토끼.
4) 走狗(주구): 사냥개
   烹(팽): 삶다.

01 揠苗助長

宋人有閔其苗之不長而揠之者[1], 芒芒然歸[2], 謂其人曰, "今日病矣[3], 予助
송 인 유 민 기 묘 지 부 장 이 알 지 자   망 망 연 귀   위 기 인 왈   금 일 병 의   여 조

苗長矣[4]." 其子趨而往視之[5], 苗則槁矣[6]. 天下之不助苗長者寡矣[7]. 以爲無
묘 장 의   기 자 추 이 왕 시 지   묘 즉 고 의   천 하 지 부 조 묘 장 자 과 의   이 위 무

益而舍之者[8], 不耘苗者也[9]. 助之長者, 揠苗者也. 非徒無益, 而又害之.
익 이 사 지 자   불 운 묘 자 야   조 지 장 자   알 묘 자 야   비 도 무 익   이 우 해 지

『孟子맹자 · 公孫丑上공손추상』

Sòng rén yǒu mǐn qí miáo zhī bù zhǎng ér yà zhī zhě, máng máng rán guī, wèi qí rén
yuē, "jīn rì bìng yǐ, yǔ zhù miáo zhǎng yǐ." Qí zǐ qū ér wǎng shì zhī, miáo zé gǎo yǐ.
Tiān xià zhī bú zhù miáo zhǎng zhě guǎ yǐ. Yǐ wéi wú yì ér shě zhī zhě, bù yún miáo
zhě yě. Zhù zhī zhǎng zhě, yà miáo zhě yě. Fēi tú wú yì, ér yòu hài zhī.

해제

알묘조장은 곡식을 빨리 자라게 하려고 싹을 뽑아 올린 농부처럼 정상적인 과정을 무시하고 무리하
게 진행하다 일을 망치는 것을 가리키는 말이다. 비슷한 의미로 『논어』에 나오는 욕속부달(欲速不
達)이 있다. 맹자는 호연지기(浩然之氣)의 배양을 논하며 알묘조장의 비유를 들었다. 마음에 의로움
(義)을 쌓다보면 자연스럽게 호연지기가 형성되므로 성급히 기대하지 말라는 것이다.

1) 閔(민): 근심하다. 안타깝게 여기다. '憫(근심할 민)'과 같다.

    苗(묘): 모. 싹.

    長(장, zhǎng): 자라다. 성장하다.

    揠(알): 뽑다. 손으로 뽑아 올리다.

2) 芒芒然(망망연): 피곤한 모양.

3) 病(병): 병이 나다. 여기선 피곤하다의 뜻으로 사용되었다.

4) 予(여): (1인칭 대명사) 나.

    助(조): 돕다.

5) 趨(추): 달리다. 뛰어가다.

    往(왕): 가다.

6) 槁(고): 마르다. 말라죽다.

7) 寡(과): 적다. 드물다.

8) 以爲(이위): ~라고 생각하다.

    舍(사): 버리다. '捨(버릴 사)'와 같다.

9) 耘(운): 김매다.

徒(도)

① 걷다

    舍車而徒(사거이도) 수레를 버리고 걷다.

② 헛되이. 부질없이

    徒見欺(도견기) 헛되이 사기를 당한다.

③ 다만. 단지

    徒以吾兩人在(도이오양인재) 다만 우리 두 사람만 있다.

④ 非徒(비도): 비단 ~뿐 아니라

    非徒無形也, 而本無氣(비도무형야, 이본무기) 비단 형상이 없었을 뿐만 아니라 본래 기(氣)도 없었다.

02 失斧疑隣

人有亡斧者[1], 意其鄰之子[2]. 視其行步, 竊斧也[3]. 顔色, 竊斧也. 言語, 竊斧
인 유 망 부 자　의 기 린 지 자　시 기 행 보　절 부 야　안 색 절 부 야　언 어 절 부

也. 動作態度, 無爲而不竊斧也. 俄而[4]掘於谷而得其斧[5]. 他日復見其鄰人
야　동 작 태 도　무 위 이 부 절 부 야　아 이 굴 어 곡 이 득 기 부　타 일 부 견 기 린 인

之子[6], 動作態度無似竊斧者[7]. 其鄰之子非變也[8], 己則變矣.
지 자　동 작 태 도 무 사 절 부 자　기 린 지 자 비 변 야　기 즉 변 의

『列子·열자 · 說符설부』

중국어 발음

Rén yǒu wáng fǔ zhě, yì qí lín zhī zǐ. Shì qí xíng bù, qiè fǔ yě. Yán sè, qiè fǔ yě. Yán
yǔ, qiè fǔ yě. Dòng zuò tài dù, wú wéi ér bú qiè fǔ yě. É ér jué yú gǔ ér dé qí fǔ. Tā
rì fù jiàn qí lín rén zhī zǐ, dòng zuò tài dù wú sì qiè fǔ zhě. Qí lín zhī zǐ fēi biàn yě, jǐ
zé biàn yǐ.

해제

실부의린은 의심과 편견을 갖고 타인을 대하면 망상에 빠져 정상적인 판단을 하지 못한다는 내용의
고사이다. 의심의 눈으로 바라볼 때는 모든 것이 의심스럽게 보이지만 의심이 사라지면 전혀 그렇지
않다. 이해(利害)가 얽혀있기 때문이다. 『한비자』에 나오는 지자의린(智子疑隣) 이야기와 비슷한
맥락이다.

1) 斧(부): 도끼.
2) 意(의): 생각하다.
   鄰(린): 이웃.
3) 竊(절): 훔치다. 절도하다.
4) 俄而(아이): 잠시 후. 오래 지나지 않아.
5) 掘(굴): (땅을) 파다. 파내다.
   谷(곡): 계곡.
6) 他日(타일): 다른 날.
7) 似(사): 닮다. 비슷하다. ~인 듯하다.
8) 變(변): 변하다.

어법 설명

(1) 亡(망, 무)
   ① (망) 잃다, 죽다
   存亡不可知(존망불가지) 살고 죽는 것은 알 수 없다.
   ② (무) 없다. '無(무)'와 같은 용법으로 사용된다.
   予美亡此(여미무차) 내 님은 여기 없다.
(2) 爲(위)
   ① ~이다
   勤爲無價之寶(근위무가지보) 부지런함은 값을 매길 수 없는 보물이다.
   ② 하다, 되다
   終爲忠臣孝子(종위충신효자) 결국 충신 효자가 되었다.
   ③ 위하다(wèi)
   爲楚王作劍(위초왕작검) 초왕을 위해 검을 만들었다.

「靜夜思정야사」

李白이백

床前明月光,¹   상전명월광
疑是地上霜.²   이시지상상
擧頭望明月,³   거두망명월
低頭思故鄕.⁴   저두사고향

Chuáng qián míng yuè guāng, yí shì dì shàng shuāng
Jǔ tóu wàng míng yuè, dī tóu sī gù xiāng

●작가 소개●

이백(李白, 701~762): 성당 때의 시인으로 자는 태백
(太白)이다. 두보(杜甫)와 함께 중국 시단의 쌍벽으로
평가받는다. 천성이 자유분방하고 술과 관련된 시를
많이 썼다. 일필휘지(一筆揮之)의 필법으로 낭만적이
고 호쾌한 시풍을 구사하여 시선(詩仙)이라는 칭호가
있다.

1) 牀(상): 침상. 침대

2) 疑(의): 의심하다.

   霜(상): 서리.

3) 擧頭(거두): 머리를 들다.

4) 低頭(저두): 머리를 숙이다.

우리말 해석

명구 명언

1. 나에게 공명이 있는 것은 물고기에게 물이 있는 것과 같다.

2. 인지상정으로는 좋아하면 그 옳음을 보고 미워하면 그 그름을 본다.

3. 이광이 사냥을 나가 풀 속의 바위를 보고 호랑이라고 생각하여 화살을 쐈는데 바위에 적중하여 화살이 박혔다.

4. 왕은 백성을 하늘로 여기고 백성은 먹는 것을 하늘로 여긴다.

5. 높이 나는 새가 사라지면 좋은 활은 감추고 교활한 토끼가 죽으면 달리던 사냥개는 삶는다.

문장 이해

1. 싹을 뽑아 자라는 것을 돕다
   송나라 사람 중에 곡식의 싹이 자라지 않는다고 걱정하며 그것을 뽑은 사람이 있었다. 피곤한 기색으로 돌아와 식구들에게 말했다. "오늘은 피곤하다. 내가 싹이 자라도록 도왔다." 그의 아들이 뛰어가서 보았더니 싹이 말라죽었다. 천하에 싹이 자라도록 돕지 않는 이가 드물다. 무익하다고 여겨 내버려두는 이는 김매지 않는 사람이며, 그것이 자라도록 돕는 이는 싹을 뽑는 사람이다. 단지 무익할 뿐 아니라 또한 그것을 해치는 것이다.

2. 도끼를 잃어버리고 이웃을 의심하다

　도끼를 잃어버린 사람이 있었는데 이웃집 아들 짓이라고 생각했다. 그 걸음걸이를 보아도 도끼를 훔쳐간 것 같았다. 표정도 도끼를 훔쳐간 것 같았다. 말하는 것도 도끼를 훔쳐간 것 같았다. 동작과 태도도 하는 것마다 도끼를 훔쳐간 것 같지 않음이 없었다. 얼마 뒤에 계곡을 파다가 도끼를 찾았다. 다른 날에 다시 그 이웃집 아들을 보았는데 동작과 태도가 도끼를 훔쳐간 것 같지 않았다. 그 이웃의 아들은 변하지 않았고 자기가 변한 것이다.

한시 감상

고요한 밤의 그리움

침상 앞에 밝은 달빛
땅에 서리가 내렸나 싶었네.
머리 들어 밝은 달을 바라보고
머리 숙여 고향을 생각한다.

제10과

01 木以不材¹, 得終其天年矣².
목 이 부 재　득 종 기 천 년 의

『莊子장자・山木산목』

Mù yǐ bù cái, dé zhōng qí tiān nián yǐ.

1) 材(재): 재목. 능력. 자질.
2) 終(종): 마치다. 다하다.
3) 天年(천년): 하늘이 내려준 수명.

得(득)
① (동사) 얻다
　　兒可得, 母難再求(아가득, 모난재구) 아이는 얻을 수 있지만 어머니는 다시 얻을 수 없다.
② (조동사) ~할 수 있다. 같은 용법으로 可, 能, 足, 足以, 得以 등이 있다.
　　民實瘠矣, 君安得肥(민실척의, 군안득비) 백성은 실로 야위었는데 그대만 어떻게 살찔 수 있는가?

02 上善若水¹, 水善利萬物而不爭².
상 선 약 수　수 선 리 만 물 이 부 쟁

『老子노자 · 8』

중국어 발음

Shàng shàn ruò shuǐ, shuǐ shàn lì wàn wù ér bù zhēng.

어휘 설명

1) 上善(상선): 최상의 선. 최고 경지의 선.
2) 善(선): ~에 능하다. ~에 뛰어나다.
   利(리): 날카롭다. 이익. 이롭게 하다.
   爭(쟁): 다투다.

어법 설명

若(약)
① ~와 같다.
   指不若人, 則知惡之(지불약인, 즉지오지) 손가락이 다른 사람과 같지 않으면 싫어할 줄 안다.
② (가정법) 만약 ~라면
   惡鑵若滿, 天必誅之.(악관약만, 천필주지) 악의 그릇이 가득 차면 하늘이 반드시 죽일 것이다.
③ (2인칭 대명사) 너, 그대
   若勝我, 我不若勝(약승아, 아불약승) 그대가 나를 이기고 나는 그대를 이기지 못한다.

03 丈夫爲志, 窮當益堅[1], 老當益壯[2].
장 부 위 지   궁 당 익 견   노 당 익 장

『後漢書후한서・馬援傳마원전』

중국어 발음

Zhàng fū wéi zhì, qióng dāng yì jiān, lǎo dāng yì zhuàng.

어휘 설명

1) 窮(궁): 궁하다. 막히다. 어려움을 겪다.
   堅(견): 굳다. 단단하다. 견고하다.
2) 壯(장): 씩씩하다. 기상이 군세다.

어법 설명

益(익)

① 더욱

　　多多益善(다다익선) 많을수록 더욱 좋다.

② 이익. 유익하다.

　　益者三樂(익자삼락) 유익한 것에 세 가지 즐거움이 있다.

③ 넘치다. 늘다.

　　其家必日益(기가필일익) 그 집안은 반드시 날마다 번창할 것이다.

해제

『후한서(後漢書)』: 남조 송나라의 범엽(范曄, 398~446)이 후한(後漢) 195년 동안의 역사를 기록한 사서. 『사기』와 『한서』의 체례를 따라 기전체로 지어졌다. 원래 제후기(帝后紀) 10권, 열전 80권이 었으나 북송 때에 이르러 진(晉)나라 사마표(司馬彪)가 쓴 『속한서(續漢書)』 중의 지(志) 30권을 범엽의 책과 합간하여 지금의 『후한서』를 만들었다.

04 刻削之道¹, 鼻莫如大², 目莫如小.
각 삭 지 도　비 막 여 대　목 막 여 소

중국어 발음

Kè xiāo zhī dào, bí mò rú dà, mù mò rú xiǎo.

어휘 설명

1) 刻(각): 새기다. 깎다.
   削(삭): 깎다.
   道(도): 도. 방법.
2) 鼻(비): 코.

어법 설명

莫如(막여)

① 莫(막): (금지형) ~하지 말라.
   疑人莫用, 用人勿疑(의인막용, 용인물의) 남을 의심하면 쓰지 말고, 사람을 썼다면 의심하지
   말라.
② 莫(막): ~이 아니다. ~이 없다.
   莫敢過其門(막감과기문) 감히 그 문을 지나지 못한다.
③ 莫如(막여): ~만한 것이 하나도 없다. 같은 용법으로 莫若(막약)이 있다.
   十年之計, 莫如樹木(십년지계, 막여수목) 십 년 계획으로는 나무를 심는 일만한 것이 없다.

05 見一葉落而知歲之將暮[1], 睹瓶中之冰而知天下之寒[2].
견 일 엽 락 이 지 세 지 장 모   도 병 중 지 빙 이 지 천 하 지 한

『淮南子회남자 · 說山訓설산훈』

중국어 발음

Jiàn yī yè luò ér zhī suì zhī jiāng mù, dǔ píng zhōng zhī bīng ér zhī tiān xià zhī hán.

어휘 설명

1) 葉(엽): 나뭇잎.
   歲(세): 해. 한 해.
   暮(모): 저물다.
2) 睹(도): 보다. 목도하다.
   瓶(병): (술이나 물을 담는) 병.
   寒(한): 차다. 추워지다.

어법 설명

將(장)
① 장차 ~하려고 하다.
   鳥之將死, 其鳴也哀(조지장사, 기명야애) 새가 곧 죽으려 할 때 그 울음이 슬프다.
② 장수. 거느리다. 나아가다.
   將胡駿馬而歸(장호준마이귀) 오랑캐 준마를 이끌고 돌아왔다.

01 顧而言他

孫叔敖爲嬰兒[1], 出遊而還, 憂而不食[2]. 其母問其故, 泣而對曰[3], "今日吾
손숙오위영아　　출유이환　우이불식　　기모문기고　읍이대왈　　금일오

見兩頭蛇[4]. 恐去死無日矣[5]." 母曰, "今蛇安在." 曰, "吾聞見兩頭蛇者死.
견양두사　공거사무일의　　모왈　금사안재　왈　오문견량두사자사

吾恐他人又見, 已埋之矣[6]."
오공타인우견　　이매지의

『新序신서·雜事잡사』

중국어 발음

Sūn Shūáo wéi yīng ér, chū yóu ér huán, yōu ér bù shí. Qí mǔ wèn qí gù, qì ér duì yuē, "jīn rì wú jiàn liǎng tóu shé. Kǒng qù sǐ wú rì yǐ." Mǔ yuē, "jīn shé ān zài." Yuē, "wú wén jiàn liǎng tóu shé zhě sǐ. Wú kǒng tā rén yòu jiàn, yǐ mái zhī yǐ."

해제

『新序신서』: 한나라 때의 저명한 학자 유향(劉向)이 엮은 역사 고사집. 주로 역사 인물들의 교훈적인 이야기이며 덕치(德治), 인정(仁政), 민본(民本) 등 유가사상에 기초한 내용이 많다. 유향의 또 다른 저서인『說苑설원』과 성격이 비슷하다. 위의 고사는 초나라의 손숙오가 어린 시절부터 이타심과 지혜가 뛰어났음을 보여주는 일화이다.

1) 孫叔敖(손숙오, 약 B.C.630~B.C.593): 춘추시대 초나라의 영윤(令尹, 재상)으로 춘추오패(春秋五霸)의 일원인 초나라 장왕(莊王)을 보좌했다.
   嬰兒(영아): 어린 아이.
2) 憂(우): 걱정하다.
3) 泣(읍): 울다.
4) 兩頭蛇(양두사): 머리가 두 개인 뱀.
5) 恐(공): 두렵다. 염려하다. 두려워하다.
   無日(무일): 얼마 남지 않다.
6) 已(이): 이미. 벌써
   埋(매): 묻다. 매장하다.

어법 설명

(1) 故(고)
   ① 이유. 원인
   不解其故(불해기고) 그 이유를 이해하지 못했다.
   ② ~ 때문에
   虎以爲然, 故遂與之行(호이위연 고수여지행) 호랑이는 옳다고 여겨 마침내 그와 함께 갔다.
   ③ 사고. 변고. 탈
   兄弟無故(형제무고) 형제들이 변고가 없다.
   ④ 오래되다
   溫故而知新(온고이지신) 옛 것을 익혀 새로운 것을 안다.
(2) 安(안)
   ① 어찌. 어디.
   不入虎穴, 安得虎子(불입호혈, 안득호자) 호랑이 굴에 들어가지 않으면 어떻게 호랑이 새끼를 잡겠는가!
   ② 편안하다
   君子安而不忘危(군자안이불망위) 군자는 편안히 거해도 위태로울 때를 잊지 않는다.

02 朝三暮四

宋有狙公者¹, 愛狙, 養之成群², 能解狙之意³, 狙亦得公之心. 損其家口⁴,
송유저공자　애저　양지성군　능해저지의　저역득공지심　손기가구

充狙之欲⁵. 俄而匱焉⁶, 將限其食⁷, 恐眾狙之不馴於己也⁸, 先誑之言⁹, "與
충저지욕　아이궤언　장한기식　공중저지불순어기야　선광지언　여

若芧¹⁰, 朝三而暮四, 足乎?" 眾狙皆起而怒, 俄而言, "與若芧, 朝四而暮三,
약서　조삼이모사　족호　중저개기이노　아이언　여약서　조사이모삼

足乎?" 眾狙皆伏而喜¹¹.
족호　중저개복이희

『列子·열자 · 黃帝황제』

중국어 발음

Sòng yǒu Jūgōng zhě, ài jū, yǎng zhī chéng qún, néng jiě jū zhī yì, jū yì dé gōng zhī
xīn. sǔn qí jiā kǒu, chōng jū zhī yù. é ér kuì yān, jiāng xiàn qí shí, kǒng zhōng jū zhī bú
xùn yú jǐ yě, xiān kuáng zhī yán, "yǔ ruò xù, zhāo sān ér mù sì, zú hū?" Zhōng jū jiē qǐ
ér nù, é ér yán, "yǔ ruò xù, zhāo sì ér mù sān, zú hū?" Zhōng jū jiē fú ér xǐ.

해제

『열자(列子)』: 전국 시대 도가 사상가 열자(列子, 생졸년 미상)가 지었다고 전해지는 책. 열자의
이름은 열어구(列禦寇)이며 『장자』에 열자가 바람을 타고 다닌다고 기록한 것으로 보아 장자보다
앞선 시대의 인물로 보인다. 운명과 자연에 순응하는 도가적 인생관을 제시했으며, 상상력이 풍부하
고 흥미로운 이야기가 많이 수록되어 있다.

1) 狙公(저공): 원숭이 키우는 사람. '狙'는 원숭이.
2) 養(양): 기르다. 먹이다.
   群(군): 떼, 무리.
3) 解(해): 풀다. 이해하다.
4) 損(손): 덜다.
5) 充(충): 충당하다.
6) 俄而(아이): 잠시 후. 오래지 않아.
   匱(궤): 다하다. 없어지다.
7) 將(장): 장차.
   限(한): 제한하다.
8) 恐(공): 두렵다. 두려워하다.
   馴(순): 길들이다. 순종하다.
9) 誑(광): 속이다. 기만하다.
10) 與(여): 주다.
    若(약): 너. 그대. 자네.
    芧(서): 도토리.
11) 伏(복): 엎드리다.

與(여)

① 주다
   乞諸其隣而與之(걸저기린이여지) 이웃에서 빌려와 그것을 주었다.

② ~와(과)
   學樂與爲學, 無異矣(학악여위학, 무이의) 음악을 배우는 것과 학문을 하는 것은 다르지 않다.

③ 더불다, 함께 하다
   與民同樂(여민동락) 백성들과 함께 즐긴다.

④ ~인가? (추측이나 반문, 영탄을 나타내는 종결어미)
   是誰之過與(시수지과여) 이것은 누구의 잘못인가?

「春怨춘원」

金昌緒김창서

打起黃鶯兒,¹　　타기황앵아

莫教枝上啼.²　　막교지상제

啼時驚妾夢,³　　제시경첩몽

不得到遼西.⁴　　부득도요서

Dǎ qǐ huáng yīng ér, mò jiào zhī shàng tí.

Tí shí jīng qiè mèng, bù dé dào liáo xī.

•작가 소개•

김창서(金昌緒): 생졸년 미상. 당나라때 시인으로 알려진 행적이 없으나 「춘원(春怨)」 한 수가 널리 알려져 오늘날까지 전한다.

1) 打(타): 치다. 때리다.

   起(기): 일어나다. 여기서는 새를 날아가게 쫓아버리는 것을 말한다.

   黃鶯兒(황앵아): 꾀꼬릿과에 속한 새.

2) 莫(막): (금지형) ~말라.

   敎(교): (사역형) ~에게 ~하게 하다.

   枝(지): 나뭇가지.

   啼(제): 울다.

3) 驚(경): 놀라다.

   妾(첩): 여성이 자신을 낮춰 부르는 말.

4) 不得(부득): ~할 수 없다.

   遼西(요서): 지역명. 지금의 요녕성(遼寧省) 서부와 하북성(河北省) 산해관 일대. 이민족과의
   접경지역이기 때문에 많은 사람들이 이곳으로 징병되어 갔다.

우리말 해석

명구 명언

1. 나무는 재목감이 못되었으므로 하늘이 준 수명을 마칠 수 있었다.

2. 최고의 선은 물과 같다. 물은 만물을 이롭게 하면서도 다투지 않는다.

3. 장부가 뜻을 세웠으면 궁할수록 더욱 굳세어야 하고 늙을수록 더욱 씩씩해야 한다.

4. 조각의 도는 코는 크게 하는 법 만한 것이 없고 눈은 작게 하는 법 만한 것이 없다.

5. 낙엽 한 잎 떨어지는 것을 보고 한 해가 곧 저무는 것을 알고 병 속의 얼음을 보고 세상이 추워졌음을 안다.

문장 이해

1. 손숙오가 뱀을 묻다

   손숙오가 어렸을 때 놀러나갔다가 돌아왔는데 걱정하며 밥을 먹지 않았다. 어머니가 그 이유를 물었더니 울며 대답하길, "오늘 제가 머리 둘 달린 뱀을 보았습니다. 죽을 날이 얼마 남지 않아 두렵습니다." 어머니가 "지금 뱀은 어디 있느냐"라고 말했더니 대답하길, "제가 듣기에 머리 둘 달린 뱀을 보는 사람은 죽는다고 하니 다른 사람이 볼까봐 염려되어 이미 묻어버렸습니다."

2. 아침에 세 개 저녁에 네 개

　송나라에 원숭이 키우는 사람이 있었다. 원숭이를 사랑하여 무리를 이루도록 키웠다. 원숭이의 생각을 이해할 수 있었고 원숭이도 그 사람의 마음을 알 수 있었다. 식구들의 먹을 것을 줄여 원숭이들의 식량으로 충당했다. 얼마 지나지 않아 식량이 떨어져 앞으로 먹을 것을 제한하려 했는데 원숭이들이 자신에게 말을 듣지 않을까봐 걱정되어 먼저 그들을 속여 말했다. "너희에게 도토리를 주는데 아침에 세 개 저녁에 네 개면 만족하는가?" 원숭이들이 모두 일어나 화냈다. 잠시 후에 말하길, "너희에게 도토리를 주는데 아침에 네 개 저녁에 세 개면 만족하는가?" 원숭이들이 모두 엎드려 절하며 기뻐했다.

한시 감상 ▶

봄의 원망

꾀꼬리를 쫓아
나뭇가지 위에서 울지 못하게 해주세요
울 때마다 저의 꿈이 놀라 깨어
요서에 닿을 수가 없으니까요

제11과

01 路遙知馬力¹, 日久見人心².
노 요 지 마 력   일 구 견 인 심

『爭報恩쟁보은 · 第一折제1절』

중국어 발음

Lù yáo zhī mǎ lì, rì jiǔ jiàn rén xīn.

어휘 설명

1) 遙(요): 멀다. 요원하다.
2) 日(일): 세월. 시간.
   久(구): 오래되다. 오래 흐르다.

어법 설명

見(견)
① 보다
   不見人, 徒見金(불견인, 도견금) 사람은 보이지 않았고 다만 금만 눈에 보였다.
② 만나다
   秦王坐章臺, 見相如(진왕좌장대, 견상여) 진왕이 장대에 앉아서 인상여를 만났다.
③ 나타나다, 드러나다
   圖窮而匕首見(도궁이비수현) 지도가 다 펼쳐지자 비수가 나타났다.

『쟁보은(爭報恩)』: 원대(元代)에 나온 작자미상의 극본. 양산박(梁山泊)의 세 호걸 관승(關勝), 서녕(徐寧), 화영(花榮)이 불의에 맞서 정의를 수호하는 이야기이다.

02 貧賤之知不可忘[1], 糟糠之妻不下堂[2].
빈 천 지 지 불 가 망   조 강 지 처 불 하 당

『後漢書후한서・宋弘傳송홍전』

『後漢書후한서・宋弘傳송홍전』

중국어 발음

Pín jiàn zhī zhī bù kě wàng, zāo kāng zhī qī bú xià táng

어휘 설명

1) 貧賤之知(빈천지지): 신분이 낮거나 가난할 때 사귄 우정. 지금은 '貧賤之交'라는 말이 널리 쓰인다.

2) 糟糠之妻(조강지처): 환란을 함께 겪은 아내. '糟糠'은 지게미와 쌀겨이며, 가난한 사람이 먹는 거친 음식을 비유한다.
   下堂(하당): 이혼하다. 남편이 아내를 내쫓거나 아내가 스스로 떠날 것을 요구하는 경우를 모두 뜻한다.

어법 설명

不可(불가)
① 가능의 부정: ~할 수 없다
   穀不可勝食也(곡불가승식야) 곡식을 이루 다 먹을 수 없다.
② 불허 또는 금지: ~해선 안 된다
   民可使由之, 不可使知之(민가사유지, 불가사지지) 백성은 따라오게 해야지 이유를 알도록 해선 안 된다.

해제

『후한서(後漢書)』: 후한 시대의 역사를 기록한 기전체 사서. 남조의 유송(劉宋)시대 범엽(範曄)이 찬술하였으며, 『사기(史記)』・『한서(漢書)』・『삼국지(三國志)』와 함께 '전사사(前四史)'로 일컬어진다.

03 知之者不如好之者[1], 好之者不如樂之者[2].
지 지 자 불 여 호 지 자   호 지 자 불 여 낙 지 자

『論語논어·雍也옹야』

중국어 발음

Zhī zhī zhě bù rú hào zhī zhě, hào zhī zhě bù rú lè zhī zhě.

어휘 설명

1) 知之者(지지자): 아는 것. 공부를 어떻게 하는지 아는 것을 말한다.
   好(호 hào): 좋아하다.
2) 樂(낙): 즐기다.

어법 설명

不如(불여)

① ~만 못하다, ~하는 것이 낫다
   不如不遇傾城色(불여불우경성색) 경국지색의 미인을 만나지 않은 것이 나았다.
② 열등비교 A不如B: A는 B만 못하다, A하느니 B하는 것이 낫다
   相見不如不見(상견불여불견) 서로 보느니 보지 않는 것이 낫다.

해제

『논어(論語)』: 공자의 언행을 위주로 공자와 그의 제자 또는 당시 사람들과의 대화를 공자 사후에
문하제자들이 편수한 책. 유가의 기본경전인 4서(四書)의 하나이며 모두 20편이다.

04 以勢交者¹, 勢傾則絶². 以利交者, 利窮則散³.
이 세 교 자   세 경 즉 절   이 리 교 자   이 궁 즉 산

『中說중설 · 禮樂예악』

『中說중설 · 禮樂예악』

중국어 발음

Yǐ shì jiāo zhě, shì qīng zé jué. yǐ lì jiāo zhě, lì qióng zé sàn.

어휘 설명

1) 勢(세): 권세. 세도.
   交(교): 사귀다. 관계를 맺다.
2) 傾(경): 기울다. 쇠퇴하다.
   絶(절): 절교하다. 관계를 끊다.
3) 窮(궁): 다하다. 궁해지다.
   散(산): 흩어지다.

어법 설명

以(이)
① 기구격 조사: ~로써. ~을 가지고
   以身作則(이신작칙) 몸으로써 모범을 보이다.
② 이유격 조사: ~ 때문에, ~로 인하여
   勿以善小而不爲(물이선소이불위) 선행이 사소하다고 해서 외면하지 말라.
③ 자격격 조사
   以臣召君, 不可以訓(이신소군, 불가이훈) 신하로서 임금을 부른다면 본보기가 될 수 없다.

 해제

『중설(中說)』: 수대(隋代)의 사상가 왕통(王通)과 문도의 문답을 기록한 철학서. 왕통의 시호(諡號)가 문중자(文中子)라서 『문중자설(文中子說)』이라고도 부른다. 『논어』의 어록체 형식을 모방하여 왕통의 말을 '자왈(子曰)'로 시작한다.

05 千人同心, 則得千人力. 萬人異心, 則無一人之用.
천 인 동 심 즉 득 천 인 력 만 인 이 심 즉 무 일 인 지 용

「淮南子회남자 · 兵略訓병략훈」

Qiān rén tóng xīn, zé dé qiān rén lì. Wàn rén yì xīn, zé wú yī rén zhī yòng.

어휘 설명

1) 同心(동심): 한 마음. 마음을 같이하다.
2) 千人力(천인력): 천 사람의 힘.
3) 異心(이심): 다른 마음. 마음을 달리하다.
4) 用(용): 쓸모.

어법 설명

則(즉, 칙)
① 조건문의 접속사: ~이면 곧 ~이다. 앞에 조건부사 若(약) 또는 여(如)는 생략이 가능하다.
   聞過則喜(문과즉희) 허물을 있다는 말을 들으면 기뻐한다.
② 동사: 본받다
   則效先帝之所行(칙효선제지소행) 선제께서 행한 바를 본받으소서.
③ 명사: 규정, 제도
   규칙(規則), 법칙(法則), 원칙(原則), 세칙(細則), 총칙(總則)

해제

『회남자(淮南子)』: 한나라의 회남왕(淮南王) 유안(劉安)과 그의 문객들이 저술한 책. 모두 21편이다. 정치, 철리, 군사, 천문, 지리, 양생 등 다방면에 걸쳐 선진제자(先秦諸子)사상을 융합하여 잡가(雜家)의 대표적인 저작으로 손꼽힌다.

01 伯牙絶絃

伯牙子鼓琴[1], 鍾子期聽之[2]. 方鼓而志在太山[3]. 鍾子期曰, "善哉乎鼓琴!
백아자고금　　종자기청지　　방고이지재태산　　종자기왈　　선재호고금

巍巍乎若太山[4]." 少選之間[5], 而志在流水. 鍾子期復曰[6], "善哉乎鼓琴!
외외호약태산　　소선지간　　이지재유수　　종자기부왈　　선재호고금

湯湯乎若流水[7]." 鍾子期死, 伯牙破琴絶弦[8], 終身不復鼓琴, 以爲世無足
상상호약유수　　종자기사　　백아파금절현　　종신불부고금　　이위세무족

復爲鼓琴者[9].
부위고금자

『說苑설원・尊賢존현』

중국어 발음

Bó Yázǐ gǔ qín, Zhōng Zǐqī tīng zhī. Fāng gǔ ér zhì zài Tàishān. Zhōng Zǐqī yuē, "shàn zāi hū gǔ qín! Wēi wēi hū ruò Tàishān." Shǎo xuǎn zhī jiān, ér zhì zài liú shuǐ. Zhōng Zǐqī fù yuē, "shàn zāi hū gǔ qín! shāng shāng hū ruò liú shuǐ." Zhōng Zǐqī sǐ, Bó Yá pò qín jué xián, zhōng shēn bú fù gǔ qín, yǐ wéi shì wú zú fù wéi gǔ qín zhě.

해제

> 『설원(說苑)』: 한나라 유향(劉向)이 편집한 훈계서. 춘추전국(春秋戰國)시대부터 한대(漢代)까지의
> 치국과 국가 흥망성쇠에 관한 잡사와 일화를 모았으며, 유가이념을 반영한다. 백아가 자신의 지음
> (知音)이었던 종자기가 죽자 거문고 현을 끊고 더 이상 연주하지 않은 것은 현인에 대한 존경의
> 표시였다.

1) 伯牙子(백아자): 중국 춘추시대 초(楚)나라 출신의 진국(晉國) 대부이자 거문고 명인 백아(伯牙). 子는 연문(衍文)이다.

  鼓(고): 타다. 켜다. 연주하다. 원래는 북을 두드린다는 뜻이다.

2) 鍾子期(종자기): 백아의 지음(知音). 원래 나무꾼인데 거문고 소리를 잘 감상하였다.

3) 太山(태산): 곧 泰山(태산). 산동성(山東省)에 중부에 소재한 산. 중국의 오악(五嶽) 중 으뜸으로 치는 명산으로 주봉은 해발 1532m에 불과하나 예부터 높은 산의 대명사로 일컬어진다. 『열자(列子)·탕문(湯問)』에는 '高山'으로 되어 있다.

4) 巍巍(외외): 높고 큰 모양. 곧 높은 산이 우뚝 솟은 모양을 형용한다.

5) 少選之間(소선지간): 잠시 후에. 잠깐 사이에. 짧은 시간을 가리킨다.

6) 復(부): 다시.

7) 湯湯(상상): 물이 세차게 흐르는 모양.

8) 破琴絕弦(파금절현): 거문고를 부수고 줄을 끊다.

9) 以爲(이위): ~라고 여기다.

(1) 전치사 在(재)

  ① 동작과 행위가 진행되는 장소 또는 사물의 위치를 나타낼 때: ~에 있다

  君在何處(군재하처) 임금은 어디에 있는가?

  危在旦夕(위재단석) 위험이 경각에 달려있다.

  ② 사물의 상태나 성질을 나타날 때: ~에 있어서, ~에 대해서

  在他人則誅之, 在弟則封之(재타인즉주지, 재제즉봉지) 타인에 대해서는 주살하고, 동생에 대해서는 봉해준다.

(2) 감탄사 哉乎(재호)

  감탄의 어감을 강조한다.

  善哉乎賈生推言之也(선재호가생추언지야) 훌륭하네, 가의(賈誼)가 추앙한 말이여!

02 不喜釋氏

歐陽文忠公不喜釋氏[1]. 士有談佛書者[2], 必正色視之, 而公之幼子字"和
구 양 문 충 공 불 희 석 씨   사 유 담 불 서 자   필 정 색 시 지   이 공 지 유 자 자 화

尚"[3]. 或問[4], "公既不喜佛[5], 而以和尚名子何也[6]?" 公曰, "所以賤之也[7],
상   혹 문   공 기 불 희 불   이 이 화 상 명 자 하 야   공 왈   소 이 천 지 야

如今人以牛驢名小兒耳[8]." 問者大笑, 且伏公之辨也[9].
여 금 인 이 우 려 명 소 아 이   문 자 대 소   차 복 공 지 변 야

『事實類苑사실유원 · 卷八권8』

중국어 발음

ōuyáng Wénzhōnggōng bù xǐ Shìshì. Shì yǒu tán fó shū zhě, bì zhèng sè shì zhī, ér gōng zhī yòu zǐ zì "hé shàng". Huò wèn, "gōng jì bù xǐ fó, ér yǐ hé shàng míng zǐ hé yě?" Gōng yuē, "suǒ yǐ jiàn zhī yě, rú jīn rén yǐ niú lǘ míng xiǎo ér ěr." Wèn zhě dà xiào, qiě fú gōng zhī biàn yě.

해제

『事實類苑(사실유원)』: 송대의 강소우(江少虞)가 북송 태조(太祖)부터 신종(神宗)까지 120여년의 사실(史實)을 기록한 사료집. 모두 78권으로 조종성훈(祖宗聖訓), 군신지우(君臣知遇) 등 24개 부문으로 나뉘며 『송조사실유원(宋朝事實類苑)』이라고도 부른다.

1) 歐陽文忠公(구양문충공): 북송의 정치가이자 문학가 구양수(歐陽修, 1007~1073). 자(字)가 영숙
   (永叔)이고, 호(號)는 취옹(醉翁) 또는 육일거사(六一居士)이며, 시호(諡號)가 문충(文忠)이다.
   특히 고문에 뛰어나 당송팔대가(唐宋八大家)의 일원이다.
   석씨(釋氏): 불교. 불교 창시자가 석가모니(釋迦牟尼)라서 불교를 '釋氏'라고도 칭한다.

2) 佛書(불서): 불경.

3) 字(자): 고대에 남자가 20세에 관례(冠禮)를 치르고 난 뒤 부르는 존칭. 동년배와 아랫사람은
   상대방의 자만 부르고 이름을 부르지 못하였다.

4) 或(혹): 혹자. 어떤 사람.

5) 旣(기): 이미. 기왕(旣往).

6) 以(이): ~로써. ~을 가지고. ~를 사용해서.
   名子(명자): 아들의 이름을 짓다.

7) 賤(천): 천시하다. 천하게 여기다.

8) 如(여): 마치 ~와 같다.
   牛驢(우려): 소와 당나귀.

9) 伏(복): 탄복하다. 감탄하다.
   辨(변): 설명. 해설.

(1) 旣A而B(기A이B): 이미 A하고 또한 B하다
    두 상황이 동시에 존재하거나 출현함을 나타낸다. '而' 대신에 亦, 又, 且, 復 등이 쓰인다.
    旣自非理, 而堅執之(기자비리, 이견집지): 이미 사리에 부합하지 않는데 또한 그것을 견지한다.

(2) 所以(소이)+동사:
    ① ~하는 이유, ~하는 까닭
    凡吾所以來, 爲父老除害(범오소이래, 위부로제해): 무릇 내가 온 까닭은 노인들을 위해 해악을
    제거하기 위함이다.
    ② ~하는 방법, ~하는 수단
    吾知所以距子矣(오지소이거자의): 나는 그대를 막는 방법을 안다.

「送友人송우인」

李白이백

青山橫北郭[1],	청산횡북곽
白水繞東城[2].	백수요동성
此地一爲別[3],	차지일위별
孤蓬萬里征[4].	고봉만리정
浮雲遊子意[5],	부운유자의
落日故人情[6].	낙차고인정
揮手自茲去[7],	휘수자자거
蕭蕭班馬鳴[8].	소소반마명

Qīng shān héng běi guō, bái shuǐ rào dōng chéng

Cǐ dì yī wéi bié, gū péng wàn lǐ zhēng

Fú yún yóu zǐ yì, luò rì gù rén qíng

Huī shǒu zì zī qù, xiāo xiāo bān mǎ míng

●작가 소개●

李白(이백, 701~762): 자(字)가 태백(太白)이고 호(號)는 청련거사(淸蓮居士)이며 시선(詩仙), 적선(謫仙), 주선(酒仙)으로도 불린다. 성당(盛唐)시대 최고의 낭만파 시인으로, 안사(安史)의 난 이전의 당시정신(唐詩精神)을 집대성하였다.

1) 橫(횡): 가로눕다. 가로로 뻗다.

   郭(곽): 성곽. 외성(外城). 곧 성 밖에 세운 일종의 담장.

2) 白水(백수): 맑은 강물.

   繞(요): 감아 돌다. 감아 흐르다.

3) 爲別(위별): 이별하다. 작별하다.

4) 孤蓬(고봉): 외로이 휘날리는 쑥. 메말라 바람에 휘날리는 쑥을 홀로 먼 길을 가는 벗에 비유하였다.

   征(정): 먼 길을 떠나다.

5) 遊子意(유자의): 나그네의 마음. 곧 나그네처럼 정처 없이 떠돈다는 뜻이다.

6) 落日(낙일): 석양.

   故人情(고인정): 친구의 정. 더디게 떨어지는 해는 마치 작별이 아쉬운 벗의 심정과 같다는 뜻이다.

7) 自茲去(자자거): 이제 떠나다. 여길 떠나다.

8) 蕭蕭(소소): 말이 울부짖는 소리. 의성어이다.

   班馬(반마): 서로 떨어지는 말. 무리에서 멀어지는 말.

우리말 해석

1. 길이 멀어야 말의 힘을 알고, 세월이 오래가야 사람의 마음을 안다.

2. 빈천했던 시절에 사귄 우정을 잊지 말며, 환란을 함께 겪은 아내를 버리지 말라.

3. 아는 것은 좋아함만 못하고, 좋아함은 즐기는 것만 못하다.

4. 권세를 보고서 사귀는 자는 권세가 기울면 절교하고, 이득을 보고서 사귀는 자는 이득이 떨어지면 흩어진다.

5. 천 명이 한 마음이 되면 천 명의 힘을 얻고, 만 명이라도 마음이 다르면 한 명의 쓸모도 없다.

문장 이해

1. 백아가 거문고 현을 끊다
   백아가 거문고를 연주하는데 종자기가 그 소리를 들었다. 연주가 무르익고 뜻이 태산에 있었다. 종자기가 말했다. "거문고 연주가 훌륭하구나! 우뚝 솟은 높은 음이 마치 태산 같도다." 조금 지나 뜻이 흐르는 강물에 있었다. 종자기가 다시 말했다. "거문고 연주가 훌륭하구나! 호호탕탕한 소리가 마치 흐르는 강물 같도다." 종자기가 죽자 백아는 거문고를 부수고 현을 끊어버리고선 종신토록 다시는 거문고를 연주하지 않았으니, 세상에 다시는 거문고 연주를 들려줄만한 사람이 없다고 여겼다.

2. 불교를 좋아하지 않다

　문충공 구양수는 불교를 달갑게 여기지 않았다. 불경을 입에 올리는 선비가 있으면 반드시 표정을 바로잡아 쳐다보았으나, 문충공의 어린 아들의 자는 "화상"이라고 불렀다. 혹자가 물었다. "공께서 불교를 달가워하지 않는데 화상으로 아들 이름을 지은 것은 무슨 까닭입니까?" 공이 말했다. "천하게 여기기 때문이오, 요즘 사람들이 소와 나귀로써 어린아이의 이름을 짓듯이 말이오." 질문한 사람이 크게 웃었으며, 또한 문충공의 설명에 탄복하였다.

한시 감상

벗을 보내다

푸른 산이 성곽 북쪽에 가로눕고
맑은 강이 성곽 동쪽을 감돌도다.
여기에서 한 번 이별하면
메마른 쑥처럼 홀로 만 리 먼 길을 떠난다네.
떠도는 구름은 나그네의 마음이요
떨어지는 해는 보내는 친구의 정일세.
손을 흔들며 이제 훌쩍 떠나가니
말조차 간다며 서로 소리쳐 운다.

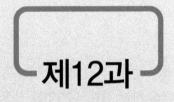

제12과

01 士爲知己者死¹, 女爲悅己者容².
사 위 지 기 자 사   여 위 열 기 자 용

『戰國策전국책·趙策조책』

중국어 발음

Shì wèi zhī jǐ zhě sǐ, nǚ wèi yuè jǐ zhě róng.

어휘 설명

1) 知己者(지기자): 자기를 알아주는 사람.
2) 悅己者(열기자): ①자기를 기쁘게 하는 사람. ②자기를 보고 기뻐하는 사람.
　 容(용): 꾸미다. 화장하다. 단장하다.

어법 설명

爲(위)

　　전치사로 원인과 목적을 나타낸다: ~을 위하여. ~ 때문에
　　庖丁爲文惠君解牛(포정위문혜군포정) 포정이 문혜군을 위해 소를 잡았다.
　　欲毆之, 爲其老强忍(욕구지, 위기로강인) 그를 치려고 했으나 노인이라서 억지로 참았다.

『전국책(戰國策)』: 중국 전국(戰國)시대의 종횡가(縱橫家)가 제후에게 유세한 책략을 나라별로 모은 책. 원저자는 알 수 없고 전한 말에 유향(劉向)이 모두 33편으로 편집하여 『전국책』으로 명명했다. 전국시대라는 역사용어도 여기서 유래한다.

02 君子之交淡若水¹, 小人之交甘若醴².
군 자 지 교 담 약 수   소 인 지 교 감 약 예

『莊子장자·山木산목』

`중국어 발음`

Jūn zǐ zhī jiāo dàn ruò shuǐ, xiǎo rén zhī jiāo gān ruò lǐ.

`어휘 설명`

1) 交(교): 사귐. 교분.
   淡(담): 담담하다. 담백하다.
2) 甘(감): 달다. 달콤하다.
   醴(예): 감주. 단술.

`어법 설명`

若(약)
① 부사: 마치 ~와 같다
   門庭若市(문정약시) 대문 안뜰이 마치 시장과 같다.
② 이인칭대명사
   更若役, 復若賦(갱약역, 복약부) 그대의 일을 바꿔주고 그대의 세금을 되돌려주겠다.
③ 가정을 나타내는 접속사: 만일, 만약
   若潛師以來, 國可得也(약잠사이래, 국가득야) 만약 몰래 군대를 이끌어온다면 수도를 점령할
   수 있다.

해제

『장자(莊子)』: 중국 전국(戰國)시대에 장주(莊周)가 지은 책. 『노자(老子)』와 더불어 노장(老莊)사
상으로 병칭되는 도가(道家)의 대표 전적(典籍)으로, 현실에 구속되지 않는 정신의 자유를 강조하였
다. 내편 7권, 외편 15권, 잡편 11권으로 구성되었다.

03 愛人者¹, 人恒愛之². 敬人者³, 人恒敬之.
애 인 자 　 인 항 애 지 　 경 인 자 　 인 항 경 지

『孟子맹자・離婁下이루하』

중국어 발음

Ài rén zhě, rén héng ài zhī. Jìng rén zhě, rén héng jìng zhī.

어휘 설명

1) 人(인): 남. 타인.
2) 恒(항): 늘. 항상.
3) 敬(경): 공경하다.

어법 설명

之(지)
① 동사: ~로 가다, ~에 가다
　吾欲之南海(오욕지남해) 나는 남해로 가고자 한다.
② 목적격 대명사: 그 사람, 그 것
　吏護之還鄕(이호지환향) 관리들이 그를 호위하여 고향으로 돌려보냈다.
③ 주격 조사: 주어+之+술어
　天之亡我, 我何渡爲(천지망아 아하도위) 하늘이 나를 망치는데 내 어찌 강을 건너리?

해제

『맹자(孟子)』: 중국 전국시대의 사상가이자 유가의 아성(亞聖) 맹자의 언행 및 맹자가 제자나 당시 사람들과 나눈 문답을 기술한 책. 인의(仁義)와 왕도(王道)정치를 주장한 유가경전으로 4서(四書)의 하나이다.

04 山不在高[1], 有仙則名[2]. 水不在深[3], 有龍則靈[4].
　　산 부 재 고　유 선 즉 명　수 부 재 심　유 룡 즉 령

劉禹錫유우석 「陋室銘누실명」

劉禹錫유우석 「陋室銘누실명」

> **중국어 발음**

Shān bú zài gāo, yǒu xiān zé míng. Shuǐ bú zài shēn, yǒu lóng zé líng.

> **어휘 설명**

1) 在(재): ~에 있다. ~에 달려 있다.
2) 仙(선): 신선.
　　名(명): 유명해지다.
3) 水(수): 물. 강, 연못, 호수 등을 포함한다.
4) 靈(령): 신령해지다.

> **어법 설명**

在(재)
① 사물의 존재를 나타내는 전치사: ~에 있다
　　荀生住在何處(순생주재하처) 순선생은 어디에 사십니까?
② 요점을 나타내는 동사: ~에 달려있다
　　事在人爲(사재인위) 일의 성공은 사람의 노력에 달려있다.

 해제

「누실명(陋室銘)」: 당대(唐代) 시인 유우석(劉禹錫, 772~842)이 세속과 떨어진 곳에 집을 짓고 지은 글. 세상명리를 쫓지 않고 조용히 안빈낙도(安貧樂道)하려는 작자의 은일(隱逸) 정취가 잘 드러나 있다.

05 泰山不讓土壤[1], 故能成其大[2]. 河海不擇細流[3], 故能就其深[4].
태 산 불 양 토 양　　 고 능 성 기 대　　 하 해 불 택 세 류　　 고 능 취 기 심

李斯이사 「諫逐客書간축객서」

李斯이사 「諫逐客書간축객서」

중국어 발음

Tàishān bú ràng tǔ rǎng gù néng chéng qí dà. Hé hǎi bù zé xì liú, gù néng jiù qí shēn.

어휘 설명

1) 讓(양): 사양하다. 거절하다. 양보하다.
　土壤(토양): 흙. 곧 한 줌의 흙덩이를 가리킨다.
2) 成其大(성기대): 그만한 높이를 이루다. 그렇게 거대해지다.
3) 擇(택): 가리다. 고르다.
　細流(세류): 가늘게 흐르는 물줄기.
4) 就其深(취기심): 그만한 깊이를 이루다. 그렇게 깊어지다.

어법 설명

其(기)
　대명사: 그(들), 그것(들), 자기
　先必利其器(선필이기기) 반드시 그의 연장을 예리하게 갈아놓아야 한다.

해제

「간축객서(諫逐客書)」: 전국시대 말기에 이사(李斯, ?~B.C. 208)가 진왕 영정(嬴政)에게 타국에서 온 객경(客卿)을 쫓아내라는 명령을 철회할 것을 간언한 상소문. 이사는 천하통일의 대업을 이루려면 출신 지역을 따지지 말고 오로지 능력에 따라 인재를 등용할 것을 역설하였다.

01 東食西宿

齊人有女[1], 二人求之[2], 東家子醜而富[3], 西家子好而貧[4]. 父母疑而不能
제 인 유 녀   이 인 구 지   동 가 자 추 이 부   서 가 자 호 이 빈   부 모 의 이 불 능

決[5], 問其女, 定所欲適[6], "難指斥言者[7], 偏袒[8], 令我知之." 女便兩袒[9].
결   문 기 녀   정 소 욕 적   난 지 척 언 자   편 단   영 아 지 지   여 변 양 단

怪問其故[10]. 云, "欲東家食西家宿, 此爲兩袒者也."
괴 문 기 고   운   욕 동 가 식 서 가 숙   차 위 양 단 자 야

『風俗通義풍속통의』

중국어 발음 ▶

Qí rén yǒu nǚ, èr rén qiú zhī, dōng jiā zǐ chǒu ér fù, xī jiā zǐ hǎo ér pín. Fù mǔ yí ér
bù néng jué, wèn qí nǚ, dìng suǒ yù shì, "nán zhǐ chì yán zhě, piān tǎn, lìng wǒ zhī
zhī." Nǚ biàn liǎng tǎn. Guài wèn qí gù. Yún, "yù dōng jiā shí xī jiā sù, cǐ wéi liǎng tǎn
zhě yě".

해제

『풍속통의(風俗通義)』: 후한 말기에 응소(應劭)가 편찬한 저서. 현재 10권이 전해지며, 줄여서 『풍속통』이라고도 부른다. 고대 신화를 비롯해 신기한 사적을 대량 기록하고 전래 풍속에 대한 고증이 주된 내용이어서, 고대풍속과 귀신숭배 연구에 중요한 자료가 된다.

1) 女(녀): 딸.
2) 求(구): 구혼하다. 다른 판본에는 "求見(구견)"으로 되어있다.
3) 東家子(동가자): 동쪽 마을 총각. 동쪽 마을에 사는 신랑감.
　 醜而富(추이부): 추남이나 부자이다.
4) 好而貧(호이빈): 호남이나 가난하다.
5) 疑(의): 주저하다. 머뭇거리다.
　 決(결): 결정하다. 낙점하다.
6) 適(적): 시집가다. 원래 '적합하다' 또는 '가다'의 뜻으로 많이 쓰인다.
7) 指斥(지척): 꼭 집어 가리키다. 손가락으로 가리키다.
8) 偏袒(편단): ①한쪽 소매를 걷어 올리다. ②한쪽 어깨를 드러내다. 모두 한쪽 편을 드는 표시이다.
9) 便(변): 곧. 이에. 재빨리
　 兩袒(양단): 양쪽 소매를 걷어 올리다.
10) 怪(괴): 이상하게 여기다.
　 故(고): 연고. 까닭.

(1) 者(자)
　 ① 대명사: ~하는 것, ~하는 자
　 臣之所好者道也(신지소호자도야) 신이 좋아하는 것은 도입니다.
　 力不足者, 中道而廢(역부족자, 중도이폐) 능력이 부족한 자라야 중도에 포기한다.
　 ② 조건을 나타내는 어조사: ~한다면
　 若不得者, 則大憂以懼(약부득자, 즉대우이구) 만약 얻지 못한다면 크게 걱정하여 두려워 할 것이다.
(2) 令(령)
　 ① 사역동사: ~하게 하다. '使(하여금 사)'와 같다.
　 利令智昏(이영지혼) 이익은 지혜로운 자를 눈멀게 만든다.
　 ② 전치사: 가령, 만일
　 令我百歲後, 皆魚肉之矣(영아백세후, 개어육지의) 만일 내가 죽으면 모두 그를 죽일 것이다.

02 學萬人敵

項籍少時¹, 學書不成², 去, 學劍, 又不成. 項梁怒之³. 籍曰, "書, 足以記名
항적소시　학서불성　거　학검　우불성　항량노지　적왈　서　족이기명

姓而已. 劍, 一人敵, 不足學⁴, 學萬人敵." 於是項梁乃教籍兵法, 籍大喜,
성이이　검　일인적　부족학　학만인적　어시항량내교적병법　적대희

略知其意, 又不肯竟學⁵……秦始皇帝游會稽⁶, 渡浙江⁷, 梁與籍俱觀. 籍
약지기의　우불긍경학　　　진시황제유회계　도절강　량여적구관　적

曰, "彼可取而代也⁸." 梁掩其口⁹, 曰, "毋妄言, 族矣¹⁰!" 梁以此奇籍¹¹.
왈　피가취이대야　　양엄기구　왈　무망언　족의　　양이차기적

『史記사기 · 項羽本紀항우본기』

중국어 발음

Xiàng Jí shào shí, xué shū bù chéng, qù, xué jiàn, yòu bù chéng. Xiàng Liáng nù zhī. Jí
yuē, "shū, zú yǐ jì míng xìng ér yǐ. Jiàn, yī rén dí, bù zú xué, xué wàn rén dí." Yú shì
Xiàng Liáng nǎi jiāo Jí bīng fǎ, Jí dà xǐ, luè zhī qí yì, yòu bù kěn jìng xué.......Qín
Shǐhuángdì yóu Huìjī, dù Zhèjiāng, Liáng yǔ Jí jù guān. Jí yuē, "bǐ kě qǔ ér dài yě."
Liáng yǎn qí kǒu, yuē, "wú wàng yán, zú yǐ!" Liáng yǐ cǐ qí Jí.

해제

『사기 · 항우본기』는 사마천이 기록한 초패왕(楚霸王) 항우(項羽)의 전기이다. 사마천은 항우의
영웅적인 기개와 초인적인 전공(戰功)을 높이 평가해 항우의 사적을 황제의 전기인 본기(本紀)에
편입하였다. 「항우본기」는 『사기』 가운데 문학성이 가장 뛰어난 편장으로 일컬어진다.

1) 項籍(항적): 진(秦)나라 말기 옛 초국(楚國) 출신의 명장 항우(項羽). '우'는 자이며 초나라 장수 항연(項燕)의 손자이다. 진(秦)의 시황제 사후 혼란기에 오현(吳縣)에서 기병해서 한고조(漢高祖) 유방(劉邦)과 천하를 다투었다.

2) 書(서): 글. 고대 전적(典籍). 곧 학문을 가리킨다.

3) 項梁(항량): 서초패왕(西楚霸王) 항우의 숙부. 항우와 함께 기병하였으나 정도(定陶)전투에서 진의 장수 장한(章邯)에게 패하여 전사하였다.

4) 不足學(부족학): 배울만한 것이 아니다.

5) 不肯竟學(불긍경학): 끝까지 배우려고 하지 않다.

6) 遊會稽(유회계): 회계산(會稽山, 지금의 浙江省(절강성) 紹興(소흥) 소재]을 순유(巡遊)하다. B.C. 210년에 시황제가 회계산의 대우릉(大禹陵)에 가서 제사를 올렸다.

7) 浙江(절강): 고대의 오월초(吳越楚) 소재지로 장강(長江)삼각주 남쪽 지역. 강줄기가 꼬불꼬불 꺾어져서 절강으로 불렀다.

8) 取而代(취이대): 빼앗아 대신 차지하다.

9) 掩(엄): 막다. 가리다.

10) 族(족): 족형(族刑)을 당하다. 멸문(滅門)의 화를 입다.

11) 奇(기): 경탄하다. 기특하게 여기다.

(1) 足以(족이)

능력이나 조건의 구비를 나타내는 조동사: 충분히 ~할 수 있다

觀其眸子, 足以知人(관기모자, 족이지인) 그 사람의 눈동자를 보면 사람됨을 충분히 알 수 있다.

(2) 而已(이이)

한정을 나타내는 종결형 어기조사: ~할 뿐이다, ~할 따름이다

我知種樹而已(아지종수이이) 나는 나무 심는 것만 알 뿐이다.

(3) 肯(긍)

행위자의 적극적인 의지를 나타내는 조동사: ~하려고 한다

相如聞, 不肯與會(상여문, 불긍여회) 인상여가 듣고서 함께 만나려 하지 않았다.

「送杜少府之任蜀州¹송두소부지임촉주」

王勃왕발

城闕輔三秦²,	성궐보삼진
風煙望五津³.	풍연망오진
與君離別意⁴,	여군이별의
同是宦遊人⁵.	동시환유인
海內存知己⁶,	해내존지기
天涯若比鄰⁷.	천애약비린
無爲在歧路⁸,	무위재기로
兒女共霑巾⁹.	아녀공점건

Chéng què fǔ sān qín, fēng yān wàng wǔ jīn.

Yǔ jūn lí bié yì, tóng shì huàn yóu rén.

Hǎi nèi cún zhī jǐ, tiān yá ruò bǐ lín.

Wú wéi zài qí lù, ér nǚ gòng zhān jīn.

●작가 소개●

王勃(왕발, 649/650~676): 자가 자안(子安)이다. 초당시대의 시인으로 양형(楊炯), 노조린(盧照鄰), 낙빈왕(駱賓王)과 더불어 초당사걸(初唐四傑)로 불린다. 오언율시와 오언절구에 능했으며, 변문 역시 뛰어나 걸작 「등왕각서(滕王閣序)」를 남겼다.

1) 杜少府(두소부): 성명 미상의 인물. 소부는 관직명으로 현위(縣尉)의 별칭이다.

   之任(지임): 부임하다. 취임하다.

   蜀州(촉주): 촉(蜀)지역의 범칭. 지금의 사천성(四川省)에 속한다.

2) 城闕(성궐): 도성의 망루. 곧 당의 수도 장안(長安)을 가리킨다. '闕'은 궁궐 문 앞의 망루로, 고대 도성의 표지였다.

   輔(보): 호위하다. 에워싸다.

   三秦(삼진): 장안성 부근의 관중(關中)지방[지금의 섬서성(陝西省) 동관(潼關)일대]. 항우가 진을 멸하고 관중을 옹(雍), 새(塞), 적(翟) 세 곳으로 분할하여 삼진이라 불렀다. 이 구는 도치되었으며 원래 "三秦輔城闕"이라야 맞다. 다른 판본에는 "城闕俯西秦"으로 되어 있다.

3) 風煙(풍연): 안개가 자욱이 깔려 시야가 흐릿한 모양.

   五津(오진): 사천 경내 장강의 다섯 나루터. 두소부가 부임하는 촉주를 가리킨다.

4) 君(군): 그대. 자네. 이인칭대명사이다.

5) 宦遊人(환유인): 타향에서 벼슬살이하는 나그네.

6) 海內(해내): 사해(四海)의 안쪽. 나라 안을 가리킨다.

   知己(지기): 서로를 알아주는 벗. 곧 친구.

7) 天涯(천애): 하늘의 끝. 매우 먼 곳이라는 뜻이다.

   比鄰(비린): 가까운 이웃. 옆에 나란히 붙어있는 이웃.

8) 無爲(무위): ~하지 말라.

   歧路(기로): 갈림길. 두 사람이 이별하는 장소를 가리킨다.

9) 兒女(아녀): 아녀자.

   霑(점): 눈물 적시다. '沾(적실 첨)'과 같다.

우리말 해석

1. 선비는 자기를 알아주는 사람을 위해 죽고, 여인은 자기를 어여삐하는 사람을 위해 단장한다.

2. 군자의 사귐은 물처럼 담담하고, 소인의 사귐은 감주처럼 달콤하다.

3. 남을 사랑하는 사람은 남들이 늘 그를 사랑해주고, 남을 공경하는 사람은 남들이 늘 그를 공경해준다.

4. 산은 높은 데에 있지 아니하고 신선이 살면 유명해진다. 물은 깊은 데에 있지 아니 하고 용이 살면 신령해진다.

5. 태산은 한 줌의 흙을 사양하지 않아 그렇게 높아졌으며, 황하와 바다는 작은 물줄기를 가리지 않아 그렇게 깊어졌다.

1. 동쪽 집에서 먹고 서쪽 집에서 자다

   제나라 사람에게 딸이 있어 두 총각이 그녀에게 구혼하였다. 동쪽마을 총각은 추남이나 부자였고, 서쪽마을 총각은 호남이었으나 가난하였다. 부모가 주저하며 결정을 내리지 못하고 딸에게 물어 어디로 시집가고 싶은지 정하라고 하면서, "꼭집어 말하기 어렵다면 한쪽 옷소매를 걷어 올려 우리에게 알려라."라고 하였다. 딸이 재빨리 양쪽 소매를 걷어 올렸다. 이상해서 그 까닭을 물어보니, 이렇게 말하였다. "잠은 동쪽마을 총각네에서 자고 밥은 서쪽마을 총각네에서 먹고 싶어 이렇게 양쪽 소매를 걷어 올린 것입니다."

2. 만 명을 대적하는 학문을 익히다

항우가 어릴 적에 글을 배웠으나 성취가 없어 포기하고 검술을 배웠으나 역시 성취가 없었다. 항량이 그에게 화를 내었다. 항우가 말했다. "글은 이름만 적을 줄 알면 충분할 따름입니다. 검술은 한 명만 대적해서 배울만하지 않으니 만 명을 대적하는 것을 배우겠습니다." 이에 항량이 항우에게 병법을 가르쳐주니 항우가 크게 기뻐하였으나, 병법의 뜻을 대략 알게 되자 또 다시 끝까지 배우려 들지 않았다.······진의 시황제가 회계군을 순시하고 절강을 건널 때, 항량이 항우와 더불어 같이 구경을 나갔다. 항우가 말했다. "저 자리를 대신 차지해야겠소." 항량이 그의 입을 막으며 말했다. "말을 함부로 하지 말거라, 멸족의 화를 당한다!" 항량은 이 일로 인해 항우가 특출하다고 여겼다.

한시 감상

두소부의 촉주 부임을 전송하다

장안 성루를 삼진 옛 땅이 둘러싸
안개가 날려 촉주 나루터 흐릿하네.
그대와 이별하는 마음이 아쉬운 건
타향 벼슬살이 신세가 같아서라네.
사해 안에 날 아는 벗을 두었으니
하늘 끝이라도 이웃에 있음 같으리.
갈림길에 서서
아녀자처럼 손수건에 눈물 적시지 마오.

제13과

01 百尺竿頭[1], 更進一步.
백 척 간 두   갱 진 일 보

朱熹주희 「答鞏仲至답공중지·四」

중국어 발음

Bǎi chǐ gān tóu, gèng jìn yí bù.

어휘 설명

1) 竿頭(간두): 장대의 끝. 매우 높은 성취나 경지 또는 매우 위태로운 상태를 비유한다.

어법 설명

更(갱, 경)

① 부사(gèng): 다시, 더욱, 별도로

勸君更進一杯酒(권군갱진일배주) 그대에게 권하노니 다시 술 한 잔 들게나.

② 부사(gèng): 차례로, 번갈아

四海迭興, 更爲霸主(사해질흥, 갱위패주) 천하 제후가 차례로 흥기하여 번갈아 패주가 되었다.

③ 동사(gēng): 바꾸다, 변경하다

改弦更張(개현경장): 금슬(琴瑟)의 현을 바꾸고 음을 다시 조율하다.

해제

「답공중지(答鞏仲至)」: 남송의 성리학자 주희(朱熹)가 제자 공풍(鞏豐)에게 보낸 답신(答信). 『회암선생주문공문집(晦庵先生朱文公文集)』 제64권에 실려 있다. 주희가 만년에 병중(病中)에 있을 때 공풍이 늘 서신으로 위문하면서 가르침을 청했고 모두 스무 차례 답신을 보냈다. 공풍이 시문에 능해 서신에는 시사(詩詞)에 대한 언급이 많다.

02 生當作人傑¹, 死亦爲鬼雄².
생 당 작 인 걸   사 역 위 귀 웅

李淸照이청조「夏日絕句하일절구」

중국어 발음

Shēng dāng zuò rén jié, sǐ yì wéi guǐ xióng.

어휘 설명

1) 作(작): ~가 되다.

　人傑(인걸): 세상 호걸. 인간 중 호걸. 한의 고조 유방(劉邦)은 개국공신 장량(張良), 소하(蕭何),
　한신(韓信)을 '인걸'이라고 칭찬하였다.

2) 鬼雄(귀웅): 저승 영웅. 귀신 중의 영웅.

어법 설명

當(당)

① 이치상의 당연함을 나타내는 조동사: 마땅히 ~해야 한다

　當立者乃公子扶蘇(당립자내공자부소) 응당 천자로 세울 분은 바로 공자 부소이다.

② 일이 발생한 시간을 나타내는 전치사: ~할 때, ~즈음

　當堯之時, 天下猶未平(당요지시, 천하유미평) 요임금 때에 천하가 아직 평정되지 않았다.

③ 동사: 적당하다, 가로막다, 직면하다, 해당하다

　賞罰無當(상벌무당): 상과 벌이 적당하지 않다.

해제

「하일절구(夏日絕句)」: 남송의 여사인(女詞人) 이청조(李淸照, 1084~1155)가 지은 오언절구. 이청
조의 남편이 건강지부(建康知府)로 부임해 반란이 일어나자 달아났다. 이청조는 오강(烏江)을 건너
면서 그 옛날 항우가 강동(江東)으로 건너가지 않은 영웅기개를 그리워했다.

03 老驥伏櫪¹, 志在千里. 烈士暮年², 壯心不已³.
노 기 복 력　　지 재 천 리　　열 사 모 년　　　장 심 불 이

曹操조조「龜雖壽귀수수」

중국어 발음

Lǎo jì fú lì, zhì zài qiān lǐ. Liè shì mù nián, zhuàng xīn bù yǐ.

어휘 설명

1) 驥(기): 명마. 천리마.
   櫪(력): 말구유. 마판.
2) 烈士(열사): 영웅.
   暮年(모년): 만년(晚年).
3) 壯心(장심): 원대한 포부. 여기서는 조조(曹操)가 천하를 통일하려는 포부를 가리킨다.

어법 설명

已(이)
① 동사: 그치다. 그만두다
   學不可以已(학불가이이) 배우는 일은 그만둘 수가 없다.
② 단정, 종결, 명령의 어조를 나타내는 어조사
   王之所大欲可知已(왕지소대욕가지이) 왕이 크게 바라는 바를 알겠습니다.
③ 부사: 이미, 너무
   道之不行, 已知之矣(도지불행, 이지지의) 도가 행해지지 않을 것을 이미 알고 있다.

해제

「귀수수(龜雖壽)」: 조조(曹操)가 53세 때 북방의 오환(烏桓)을 평정하고 지은 사언악부시(四言樂府詩)「보출하문행(步出夏門行)」4장 중 마지막 장. 거북이가 비록 장수해도 수명이 다할 때가 있듯이 한(漢)왕조의 수명이 다했으니 조조가 대신 천하를 차지하겠다는 웅심을 표현했다.

04 古之立大事者¹, 不惟有超世之才², 亦必有堅忍不拔之志³.

고 지 입 대 사 자   불 유 유 초 세 지 재   역 필 유 견 인 불 발 지 지

蘇軾소식 「晁錯論조조론」

중국어 발음

Gǔ zhī lì dà shì zhě, bù wéi yǒu chāo shì zhī cái, yì bì yǒu jiān rěn bù bá zhī zhì.

어휘 설명

1) 立(입): 이룩하다. 수립하다.
2) 超世之才(초세지재): 세상의 범인을 뛰어넘는 재간.
3) 堅忍不拔(견인불발): 굳세게 참고 견디며 흔들리지 않음.

어휘 설명

不惟(불유)

① 不惟A, 亦B(불유A, 역B): A할 뿐만 아니라 또한 B하다

   是不惟無君, 亦且蔑祖(시불유무군, 역차멸조) 이는 임금이 안중에 없을뿐더러 또한 조상을 무시하는 것이다.

② 어찌 ~가 아니겠는가

   不惟矜善自伐好爭之咎乎(불유긍선자벌호쟁지구호) 어찌 과장하고 자랑하며 다툼을 좋아한 잘못이 아니겠는가!

「조조론(晁錯論)」 송대의 소식(蘇軾)이 지은 인물평론. 대상은 전한(前漢) 경제(景帝) 때의 정론가 조조(晁錯)이다. 조조는 유씨(劉氏) 번왕(藩王)의 봉지(封地) 삭감하는 개혁을 주장했다가 처형되었다. 소식은 조조의 개혁실패를 분석하면서 이를 애석해했다.

05 千丈之堤¹, 以螻蟻之穴潰². 百尺之室³, 以突隙之煙焚⁴.
천 장 지 제　이 루 의 지 혈 궤　백 척 지 실　이 돌 극 지 연 분

『韓非子한비자·喻老유로』

Qiān zhàng zhī dī, yǐ lóu yǐ zhī xué kuì. Bǎi chǐ zhī shì, yǐ tū xì zhī yān fén.

어휘 설명

1) 丈(장): 길. 길이 단위로, 어른 키 정도의 길이를 이른다.
　堤(제): 둑. 제방.
2) 螻蟻(누의): 땅강아지와 개미.
　潰(궤): 무너지다. 붕괴하다.
3) 尺(척): 자. 길이 단위로 시대에 따라 다르다. 한대(漢代)의 1척은 약 23.09cm이었고, 명대(明代)의 1척은 약 32.6cm이었다. 보통 10尺을 1丈으로 친다.
4) 突隙(돌극): 굴뚝의 갈라진 틈.
　焚(분): 타버리다. 불이 나서 다 타버린다는 뜻이다.

어휘 설명

以(이)
① 기구격 조사: ~로써, ~를 가지고
　易之以羊(역지이양) 그것을 양으로 바꾸어라.
② 이유격 조사: ~때문에, ~로 인해서
　君子不以言擧人(군자불이언거인) 군자는 남의 말로 인해 사람을 등용하지 않는다.
③ 자격격 조사: ~로서
　以布衣治經術爲丞相(이포의치경술위승상) 평민의 신분으로 경학을 공부하여 승상이 되었다.

해제

『한비자(韓非子)』: 중국 춘추시대 말기 법가인 한비가 찬술한 책. 모두 20권 50편에 달하며, 형명사상(刑名思想)을 바탕으로 전제군주에게 체계적인 통치술을 제공하여 부국강병과 패도(覇道)의 완성을 제창한다.

01 指鹿爲馬

趙高欲爲難¹, 恐群臣不聽². 乃先設驗³, 持鹿獻於二世曰⁴, "馬也." 二世笑
조고욕위난 공군신불청 내선설험 지록헌어이세왈 마야 이세소

曰, "丞相誤邪⁵? 指鹿爲馬⁶!" 問左右⁷, 左右或黙⁸, 或言馬以阿順趙高⁹,
왈 승상오야 지록위마 문좌우 좌우혹묵 혹언마이아순조고

或言鹿. 高陰中諸言鹿者以法¹⁰. 後群臣皆畏高.
혹언록 고음중제언녹자이법 후군신개외고

『史記사기 · 秦始皇本紀진시황본기』

중국어 발음

Zhào Gāo yù wéi nàn, kǒng qún chén bù tīng. Nǎi xiān shè yàn, chí lù xiàn yú èr shì
yuē, "mǎ yě." èr shì xiào yuē, "chéng xiàng wù yé? Zhǐ lù wéi mǎ!" Wèn zuǒ yòu, zuǒ
yòu huò mò, huò yán mǎ yǐ ā shùn Zhào Gāo, huò yán lù. Gāo yīn zhōng zhū yán lù
zhě yǐ fǎ. Hòu qún chén jiē wèi Gāo.

해제

B.C. 210년, 진의 시황제가 순행 도중에 병으로 급사하였다. 이 사실을 숨기고 승상 이사(李斯)와
환관 조고(趙高)가 유서를 조작하여 황태자 부소(扶蘇) 대신 막내아들 호해(胡亥)를 황제로 옹립했
다. 조고는 이사마저 참소해 제거한 후, 아둔한 2세 주변에 인의 장막을 치고 권력을 장악해갔다.
지록위마는 사실을 왜곡해 시비를 전도하는 행위를 비유한다.

1) 趙高(조고): 진(秦)의 환관. 시황제 사후에 국정을 농단하며 승상까지 되었으나 훗날 항우(項羽)에게 잡혀 처형된다.
   爲難(위난): 반란을 일으키다.
2) 恐(공): 염려하다. 두려워하다.
3) 設驗(설험): 시험하다. 시험거리를 만들다.
4) 持鹿(지록): 사슴을 데려오다. 사슴을 끌고 오다.
   二世(이세): 진나라의 두 번째 황제 호해(胡亥). 11세에 이사와 조고에 의해 옹립되어 24세에 조고의 사위 염락(閻樂)이 핍박하여 자살했다.
5) 誤邪(오야): 틀렸소! 틀리지 않았는가?
6) 指鹿爲馬(지록위마): 사슴을 가리켜 말이라고 하다.
7) 左右(좌우): 주위의 측근. 곁에 있는 신하.
8) 或(혹): 혹자. 어떤 측근.
   黙(묵): 침묵하다. 입을 다물다.
9) 阿順(아순): 아부하여 뜻을 따르다.
10) 陰中(음중): 몰래 해를 입히다. '中'은 '해치다' 또는 '중상(中傷)하다'라는 뜻이다.
    以法(이법): 법으로써. 법으로 엮어서.

(1) 邪(야, 사)
   ① 의문형 어기조사로, 耶(야)와 통용하며 격앙된 어조나 반문 어감을 나타낸다.
   其眞無馬邪(기진무마야) 참으로 천리마가 없는 것인가?
   ② 간사, 사악하다.
   是以邪氣歲增(시이사분세증) 이로써 사악한 기운이 해마다 점증했다.
(2) 或(혹)
   ① 혹자, 어떤 이, 어떤 것
   或笑或哭(혹소혹곡) 어떤 이는 웃었고, 어떤 이는 소리 내어 울었다.
   ② 간혹, 때때로
   或盡粟一石(혹진속일석) 때때로 곡식 한 섬을 다 먹어치운다.
   ③ 혹시, 아마도
   冀君實或見恕也(기군실혹견서야) 군실이 혹시 양해해줄까 바라서이다.

02 公儀休不受魚

公儀休相魯而嗜魚[1], 一國獻魚[2], 公儀子弗受[3]. 其弟子諫曰[4], "夫子嗜魚[5],
공 의 휴 상 노 이 기 어 　 일 국 헌 어 　 공 의 자 불 수 　 기 제 자 간 왈 　 부 자 기 어

弗受何也[6]?" 答曰, "夫唯嗜魚[7], 故弗受. 夫受魚而免於相[8], 雖嗜魚, 不
불 수 하 야 　 답 왈 　 부 유 기 어 　 고 불 수 　 부 수 어 이 면 어 상 　 수 기 어 　 불

能自給魚[9]. 毋受魚而不免於相[10], 則能長自給魚."
능 자 급 어 　 무 수 어 이 불 면 어 상 　 즉 능 장 자 급 어

『淮南子회남자・道應訓도응훈』

중국어 발음

Gōngyí xiū xiàng Lǔ ér shì yú, yī guó xiàn yú, Gōngyízǐ fú shòu. Qí dì zǐ jiàn yuē, "fū zǐ
shì yú, fú shòu hé yě?" Dá yuē, "fū wéi shì yú, gù fú shòu. Fū shòu yú ér miǎn yú
xiàng, suī shì yú, bù néng zì jǐ yú. Wú shòu yú ér bù miǎn yú xiàng, zé néng cháng zì jǐ
yú."

 해제

『회남자(淮南子)』는 선진시대 제자백가사상을 융합한 한대(漢代)의 잡가(雜家)저작이다. 『한비자
(韓非子)・외저설(外儲說)』에도 유사한 기사가 나온다. 작자는 이를 차용해 자족할 줄 알아야 곤욕을
당하지 않는다는 도가사상을 설파하였다.

어휘 설명

1) 公儀休(공의휴): 춘추시대 노(魯)나라 목공(穆公) 때의 재상. '公儀'가 성이며, 높여서 공의자(公儀子)라고도 부른다. 청정무위(淸靜無爲)와 백성과 쟁리(爭利)하지 말것을 주장하였다.
　　相(상): 재상을 맡다. 재상이 되다.
　　嗜(기): 좋아하다. 선호하다.
2) 一國(일국): 전국. 온 나라. 나라 전체.
3) 弗(불): '不(아닐 불)'과 같다.
4) 夫子(부자): 선생님. 남성에 대한 고대의 존칭이다.
5) 夫(부): 대저. 대체로. 발어사(發語辭)로 어투를 느긋하게 하는 작용을 한다.
6) 免(면): 면직되다. 파면되다.
7) 雖(수): 비록. 비록 ~할지라도.
8) 自給(자급): 스스로에게 공급하다. 생선을 먹는 즐거움을 누린다는 뜻이다.
9) 毋(무): '不(아닐 불)'과 같다.
10) 長(장): 늘. 길게. 오랫동안.

어법 설명

(1) 夫唯A, 故B(부유A, 고B)
　　인과관계의 조건과 결과: ~때문에, 그러므로, 오직~해야만 비로소.
　　夫唯不爭, 故無尤(부유부쟁, 고무우) 다투지 않으므로 허물이 생기지 않는다.
　　夫唯弗居 是以不去(부유불거, 시이불거) 오직 차지하지 않기 때문에 잃어버리지 않는다.
(2) 夫(부)
　　① 발어사: 문장 앞에 놓여 논의를 시작하는 어감을 나타내며, 해석하지 않아도 좋다.
　　夫戰, 勇氣也(부전, 용기야) 전쟁이란 용기가 선결요건이다.
　　② 어조사: 문장 끝에 놓여 감탄이나 의문을 나타낸다.
　　今若是焉, 悲夫(금약시언, 비부) 지금 이와 같으니 슬프도다!

「飮酒二十首음주이십수 · 5」

陶淵明도연명

結廬在人境,	결려재인경
而無車馬喧.	이무거마훤
問君何能爾,	문군하능이
心遠地自偏.	심원지자편
采菊東籬下,	채국동리하
悠然見南山.	유연견남산
山氣日夕佳,	산기일석가
飛鳥相與還.	비조상여환
此中有真意,	차중유진의
欲辨已忘言.	욕변이망언

Jié lú zài rén jìng, ér wú chē mǎ xuān

Wèn jūn hé néng ěr, xīn yuǎn dì zì piān

Cǎi jú dōng lí xià, yōu rán jiàn nán shān

Shān qì rì xī jiā, fēi niǎo xiāng yǔ huán

Cǐ zhōng yǒu zhēn yì, yù biàn yǐ wàng yán

●작가 소개●

도연명(陶淵明, 369?~427): 동진(東晉) 시대의 전원시인. 도잠(陶潛)이라고도 부르며 자호(自號)가 오류선생(五柳先生)이다. 여러 차례 출사(出仕)했으나 관료생활에 적응하지 못하고 귀향하여 전원생활을 즐기며 만년을 보냈다. 「음주(飮酒)20수」를 비롯하여 중국문학사에서 대량으로 음주시를 지은 첫 번째 시인으로 유명하다.

1) 結廬(결려): 초가를 엮다.
   人境(인경): 사람이 많이 사는 동네.
2) 喧(훤): 시끄러운 소리.
3) 君(군): 그대. 이인칭대명사. 시인 자신을 가리킨다.
   爾(이): 이와 같다.
4) 偏(편): 치우치다. 물러나다.
5) 采(채): 따다. 채취하다. '採(캘 채)'와 같다.
   東籬(동리): 동쪽 울타리.
6) 悠然(유연): 무심코. 물끄러미. 한가로이.
7) 山氣(산기): 산색(山色). 산의 경색.
8) 相與(상여): 서로 더불어. 짝을 지어.
9) 眞意(진의): 진리, 곧 삶과 자연의 참뜻.
10) 辨(변): 설명하다.

우리말 해석

명구 명언

1. 백 척이나 되는 장대 끝에서 다시 한 걸음 더 나아간다.

2. 살아서는 당연히 인간세상 준걸이 되어야 하며, 죽어서도 저승 귀신 중의 영웅이 되어야 하리.

3. 천리마는 늙어서 말구유에 누웠어도 뜻이 천리에 있으며, 영웅은 만년에도 원대한 포부가 줄어들지 않는다.

4. 옛날에 대업을 이루는 자는 세속을 초월한 재간을 지녔을 뿐만 아니라 또한 반드시 굳센 인내심과 흔들리지 않는 의지를 소유했다.

5. 천 길이나 쌓은 제방이 땅강아지와 개미가 뚫은 구멍 때문에 무너진다. 백 척이나 되는 높은 누각이 굴뚝의 틈 사이로 새는 연기 때문에 불타버린다.

문장 이해

1. 사슴을 가리켜 말이라고 하다
   조고를 반란을 일으키려 했으나 뭇 신하들이 복종하지 않을까 염려했다. 이에 먼저 시험거리를 꾸몄으니, 사슴을 끌고 와 이세 황제에게 바치며 말했다. "말입니다." 이세 황제가 웃으면서 말했다. "승상께서 오해하셨는지요? 사슴을 가리켜 말이라고 하다니!" 좌우의 신하에게 물어보니 좌우의 신하 중 혹자는 침묵하고, 혹자는 말이라고 말하여 조고에게 아부했으며, 혹자는 사슴이라고 말했다. 조고는 사슴이라고 말한 자들을 몰래 법으로 엮어 해를 가했다. 이후로 신하들 모두 조고를 두려워했다.

2. 공의휴가 물고기를 받지 않다

공의휴가 노나라 재상이 되어 물고기를 좋아하자 전국에서 물고기를 바쳤으나 공의자는 받지 않았다. 그의 제자가 간하여 말했다. "스승님께서 물고기를 좋아하면서 받지 않으시니 무엇 때문입니까?" 답하였다. "물고기를 좋아하기 때문에 그래서 받지 않은 것이다. 물고기를 받아서 재상 자리에서 파면되면 비록 물고기를 좋아해도 나에게 물고기를 대어줄 수 없게 된다. 물고기를 받지 않아 재상 자리를 파면 당하지 않으면 언제나 나에게 물고기를 대어줄 수 있게 된다."

한시 감상

음주20수 · 제5수

사람 사는 동네에 초가를 엮었더니
수레가 지나가는 소리 들리지 않네.
그대에게 묻노니 어찌 그럴 수 있소?
마음이 멀어지니 땅도 절로 비켜났다오.
동쪽 울타리 밑에 핀 국화 따려다가
한가로이 남산을 바라본다.
산 경치는 아침저녁으로 빼어나며
날던 새들이 서로 짝지어 돌아오네.
여기에 삶의 참뜻 있으련만
말하려다 벌써 말을 잊는다.

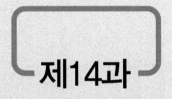

제14과

01 皮之不存¹, 毛將安傳²?
피 지 부 존   모 장 안 부

『左傳좌전·僖公十四年희공14년』

중국어 발음

Pí zhī bù cún, máo jiāng yān fù?

어휘 설명

1) 存(존): 남다. 존재하다.
   不存(부존): 남아있지 않다. 닳아서 없어지다.
2) 將(장): 장차.
   安(안): 어디.
   傳(부): 붙다. 부착하다. '附(붙을 부)'와 통하며 털이 가죽에 붙어있다는 뜻이다.

어법 설명

(1) 之(지)의 주격조사 용법
    吾妻之美我(오처지미아) 내 아내가 나를 잘 생겼다고 여기다.
(2) 焉(언)
    ① 구절의 앞에 올 때는 의문사의 역할을 한다.
    殺雞焉用牛刀(살계언용우도) 닭 잡는데 어찌 소 잡는 칼을 쓰겠는가.
    ② 구절의 끝에 놓여서는 '於之'의 줄임말 또는 종결형 어기조사로 쓰인다.
    心不在焉(심부재언) 마음이 거기에 있지 않다.

해제

『좌전(左傳)』: 중국 최초의 편년체 역사서인 공자의 『춘추(春秋)』를 보다 상세히 기술한 주석서. 춘추시대(B.C. 770~476) 노(魯)나라 태사(太史) 좌구명(左丘明)이 편찬하였다고 해서 『좌씨춘추(左氏春秋)』 또는 『춘추좌전(春秋左傳)』이라고도 한다.

02 呑舟之魚¹, 陸處則不勝螻蟻².
탄 주 지 어   육 처 즉 불 승 누 의

Tūn zhōu zhī yú, lù chù zé bú shèng lóu yǐ.

어휘 설명

1) 呑(탄): 삼키다.
   呑舟之魚(탄주지어): 배를 삼킬만한 물고기. 고래와 같이 거대한 물고기를 비유한다.
2) 處(처): 살다. 머물다.
   螻蟻(누의): ①개미. ②땅강아지와 개미. 아주 작고 보잘 것 없는 사물이나 사람을 비유한다.

어법 설명

則(즉, 칙, 측)
① 조건문 (若/如)A則B: 만약 A한다면 곧 B한다. '즉'으로 읽는다.
   聞過則喜(문과즉희) 허물을 들으면 곧 기뻐하였다.
② 주어 강조: 주어 뒤에 놓여 주어를 강조한다.
   此則岳陽樓之大觀也(차즉악양루지대관야) 이것이 바로 악양루의 웅대한 경관이다.
③ 본받다: '측' 또는 '칙'으로 읽는다.
   則天去私(측천거사) 하늘을 본받고 사사로움을 버리다.
④ 법칙: 原則(원칙). 規則(규칙). '칙'으로 읽는다.

해제

『여씨춘추(呂氏春秋)』: 일명 『여람(呂覽)』. 중국 전국시대 말기에 진(秦)나라 여불위(呂不韋)가 빈
객들을 모아 지은 일종의 백과사전. 도가를 위주로 유가, 법가, 묵가 등 선진시대 제자백가의 사론
(史論)과 정론(政論)을 망라한 잡가(雜家)의 대표작이다.

185
제14과

03 衆惡之¹, 必察焉², 衆好之³, 必察焉.
중 오 지 　 필 찰 언 　 중 호 지 　 필 찰 언

『論語논어 · 衛靈公위영공』

중국어 발음

Zhòng wù zhī, bì chá yān, zhòng hào zhī, bì chá yān.

어휘 설명

1) 衆(중): 중인(衆人), 곧 여러 사람.
   惡(오 wù): 미워하다. 싫어하다.
2) 察(찰): 살피다. 관찰하다.
   焉(언): '於之'의 축약어.
3) 好(호 hào): 좋아하다.

04 蓬生麻中¹, 不扶而直², 白沙在涅³, 與之俱黑⁴.
봉 생 마 중　　불 부 이 직　　백 사 재 녈　　여 지 구 흑

『荀子순자・勸學권학』

중국어 발음

Péng shēng má zhōng, bù fú ér zhí, bái shā zài niè, yǔ zhī jù hēi.

어휘 설명

1) 蓬(봉): 쑥. 다북쑥.
   生(생): 나다. 자라다.
   麻(마): 삼. 여기서는 삼밭을 의미한다.
2) 扶(부): 잡아주다. 부축하다.
   直(직): 곧게 자라다.
3) 涅(녈): 검은 흙, 곧 진흙.
4) 與(여): 더불어 하다.
   俱(구): 모두. 함께.

어법 설명

與(여)

① 접속사: ~와, ~와 함께
   只願與君相守(지원여군상수) 단지 그대와 함께 지내길 원한다네.
② 동사: 주다
   將欲取之, 必先與之(장욕취지, 필선여지) 취하려면 먼저 줘야한다.
③ 동사: 허락하다, 인정하다, 찬동하다
   吾與點也(오여점야) 나는 증석(曾晳)의 견해를 찬동한다.

해제

『순자(荀子)』: 중국의 전국시대 사상가인 순경(荀卿)의 저술. 현재 32편이 전해진다. 성악설(性惡說)로 유명한 순경은 유가이면서 다방면에 공자의 사상을 수정하여 오히려 진나라의 천하통일에 이론적인 근거를 제공하였다는 평가를 받는다.

05 生亦我所欲也¹, 義亦我所欲也². 二者不可得兼³, 舍生而取義者也⁴.

생 역 아 소 욕 야　　의 역 아 소 욕 야　　이 자 불 가 득 겸　　사 생 이 취 의 자 야

『孟子맹자 · 告子上고자상』

중국어 발음

Shēng yì wǒ suǒ yù yě, yì yì wǒ suǒ yù yě. Èr zhě bù kě dé jiān, shě shēng ér qǔ yì zhě yě.

어휘 설명

1) 生(생): 삶. 생존.
   欲(욕): 바라다. 추구하다.
2) 義(의): 정의. 의로움.
3) 兼(겸): 겸하다. 동시에 이루다.
4) 舍(사): 버리다. 포기하다. 여기서는 버릴 '捨(사)'자와 같다.

어법 설명

所(소)
① 장소
   安身之所(안신지소) 몸을 편히 둘 곳.
② 所+동사: ~하는 바
   一無所知(일무소지) 하나도 아는 바가 없다.

제**2**절 / 문장 이해

01 子爲父隱

葉公語孔子曰[1], "吾黨有直躬者[2], 其父攘羊[3], 而子證之[4]." 孔子曰, "吾
섭공어공자왈   오당유직궁자   기부양양   이자증지   공자왈   오

黨之直者異於是[5]. 父爲子隱[6], 子爲父隱, 直在其中矣[7]."
당지직자이어시   부위자은   자위부은   직재기중의

『論語논어 · 子路자로』

중국어 발음 ▶

Yègōng yǔ Kǒngzǐ yuē, "wú dǎng yǒu zhí gōng zhě, qí fù rǎng yáng, ér zǐ zhèng zhī."
Kǒngzǐ yuē, "wú dǎng zhī zhí zhě yì yú shì. Fù wèi zǐ yǐn, zǐ wèi fù yǐn, zhí zài qí zhōng
yǐ."

 해제

『논어』의 중심사상은 인(仁)이며, 인의 실천은 가족에서부터 이웃으로 확대하는 순서를 밟는다.
공자는 가장 가까운 가족의 잘못을 서로 감싸주지 못하면서 이웃을 사랑한다는 것은 위선이라는
보았다.

189
제14과

1) 葉公(섭공): 춘추시대 초(楚)나라 대부 심제량(沈諸梁). 식읍이 섭현(葉縣)에 있어 섭공이라고 참칭했다.
2) 吾黨(오당): 우리 향당(鄕黨), 곧 우리 마을. 黨은 고대 지방조직의 명칭으로, 5백호를 '일당(一黨)'으로 쳤다.
   直躬者(직궁자): 정직함을 실천하는 자.
3) 攘(양): 훔치다. 강탈하다.
4) 證(증): 고발하다. 신고하다.
5) 異於是(이어시): 이와 다르다.
6) 隱(은): 숨겨주다. 잘못을 감춰주다.
7) 在(재): ~에 있다. ~에 달려 있다.
   直在其中(직재기중): 정직이라는 도리가 그 안에 담겨있다.

어법 설명

爲(위)
① 하다
   須卿爲之(수경위지) 반드시 경이 그 일을 하라.
② 되다
   衛靑爲大司馬(위청위대사마) 위청이 대사마가 되다.
③ 만들다
   其爲衣裘何(기위의구하) 그가 갖옷을 만드는 것은 무엇 때문인가?
④ 피동형: ~하는 바가 되다
   後則爲人所制(후즉위인소제) 늦으면 남에게 제압당한다.
⑤ 위하다(wèi)
   爲人謀而不忠乎(위인모이불충호) 남을 위해 일을 도모하면서 최선을 다했는가?

02 不爲與不能

曰, "有復於王者曰¹, '吾力足以擧百鈞², 而不足以擧一羽. 明足以察秋
왈   유복어왕자왈   오력족이거백균   이부족이거일우   명족이찰추

毫之末³, 而不見輿薪⁴, 則王許之乎⁵?" 曰, "否." "今恩足以及禽獸⁶, 而
호지말   이불견여신   즉왕허지호   왈   부   금은족이급금수   이

功不至於百姓者⁷, 獨何與⁸? 然則一羽之不擧, 爲不用力焉⁹, 輿薪之不見,
공부지어백성자   독하여   연즉일우지불거   위불용력언   여신지불견

爲不用明焉, 百姓之不見保¹⁰, 爲不用恩焉. 故王之不王, 不爲也, 非不能
위불용명언   백성지불견보   위불용은언   고왕지불왕   불위야   비불능

也."
야

『孟子맹자·梁惠王上양혜왕상』

중국어 발음

Yuē, "yǒu fú yú wáng zhě yuē, 'wú lì zú yǐ jǔ bǎi jūn, ér bù zú yǐ jǔ yī yǔ. Míng zú yǐ
chá qiū háo zhī mò, ér bǔ jiàn yúxīn', zé wáng xǔ zhī hū?" Yuē, "fǒu." "Jīn ēn zú yǐ jí
qín shòu, ér gōng bú zhì yú bǎi xìng zhě, dú hé yǔ? Rán zé yī yǔ zhī bù jǔ, wèi bú
yòng lì yān, yú xīn zhī bú jiàn, wèi bú yòng míng yān, bǎi xìng zhī bú jiàn bǎo, wèi bú
yòng ēn yān. Gù wáng zhī bú wáng, bù wéi yě, fēi bù néng yě."

해제

이 글은 맹자와 제(齊)나라 선왕(宣王)과의 대화를 기록하였다. 제선왕이 여러 가지 핑계를 대며
왕도(王道)정치를 할 수 없다고 하자 맹자가 하지 않는 것과 할 수 없는 것의 구체적인 사례를
들어 제선왕에게 왕도정치를 행할 것을 촉구하고 있다.

1) 復(복): 아뢰다. 보고하다.

2) 鈞(균): 고대의 무게단위. 30근이 1균이다.

3) 明(명): 눈의 밝기, 곧 시력.

　　秋毫(추호): ①가을에 짐승들이 털갈이할 때 새로 나온 털. ②벼이삭 위에 난 솜털. 모두 극히
　　미세하여 육안으로 보기 힘들다.

4) 輿薪(여신): 수레에 가득 실린 땔나무.

5) 許(허): 허락하다. 믿어주다. 받아들이다.

6) 及(급): 미치다. 이르다. '今恩足以及禽獸' 앞에 '曰'자가 없는 것은 선왕이 말을 마치자마자
　　곧장 맹자가 이어받아서이다.

7) 功(공): ①공덕. 곧 임금의 공덕. ②효과. 곧 정치의 공적.

8) 獨何與(독하여): 유독 무엇 때문인가. '與'는 의문종결형 어기조사 '歟(여)'와 같다.

9) 爲不用力焉(위불용력언): 거기에 힘을 쓰지 않았기 때문이다. 여기에서 '爲(wèi)'는 이유를 나
　　타내고, '焉'은 '於之'의 축약어이다.

10) 見保(견보): 보호를 받다. 보살핌을 입다.

(1) A之不B: A를 B하지 않다, A가 B하지 않다

　　不患人之不己知(불환인지불기지) 남이 나를 몰라주는 것을 염려하지 않는다.

(2) 피동형 구문

　　① 피동보조사(被, 見, 爲)+동사: ~을 당하다

　　信而見疑(신이견의) 신의를 보여도 의심을 받는다.

　　② 동사+피동전치사(於, 乎, 于): ~에게 ~을 당하다

　　勞力者, 治於人(노력자, 치어인) 힘을 쓰는 자는 남에게 부림을 당한다.

　　③ 爲A所B / 見B於A: A에게 B를 당하다

　　爲人所制(위인소제) / 見制於人(견제어인) 남에게 제압을 당하다.

「山中問答 산중문답」

李白 이백

問余何事棲碧山¹,　　　문여하사서벽산
笑而不答心自閑².　　　소이부답심자한
桃花流水杳然去³,　　　도화유수묘연거
別有天地非人間⁴.　　　별유천지비인간

Wèn yú hé shì qī bì shān, xiào ér bù dá xīn zì xián
Táo huā liú shuǐ yǎo rán qù, bié yǒu tiān dì fēi rén jiān

•작가 소개•

李白(이백, 701~762): 자(字)가 태백(太白)이고 호(號)
는 청련거사(淸蓮居士)이며 시선(詩仙), 적선(謫仙), 주
선(酒仙)으로도 불린다. 성당(盛唐)시대 최고의 낭만파
시인으로, 안사(安史)의 난 이전의 당시정신(唐詩精神)
을 집대성하였다.

1) 余(여): 나. 일인칭대명사. 시인 이백 자신을 가리킨다.

   棲(서): 살다. 거주하다.

   碧山(벽산): 청산(靑山), 곧 깊은 산중.

2) 自閑(자한): 절로 한가하다. 곧 마음이 저절로 편안한 상태를 말한다.

3) 桃花(도화): 복사꽃. 동진(東晉)의 도연명(陶淵明)이 지은 「도화원기(桃花源記)」에 인간세상과 떨어진 이상향(理想鄕)인 도화원이 등장한다. 이백은 한때 호남성(湖南省)의 안륙현(安陸縣) 경내 산 아래 도화동(桃花洞)에서 독서를 하였다고 한다.

   杳然(묘연): 아득히 먼 모양.

4) 別(별): 별도로. 따로 떨어져.

   人間(인간): 인간세상, 곧 속세사람이 사는 세상. 여기서는 시인의 은거생활을 가리킨다.

우리말 해석

명구 명언

1. 가죽이 닳아 없어지면 털은 어디에 붙어있을 건가?

2. 배를 삼킬만한 큰 물고기가 뭍에서 머물면 개미를 이기지 못한다.

3. 뭇사람이 싫어해도 반드시 잘 살펴봐야 하며, 뭇사람이 좋아해도 반드시 잘 살펴봐야 한다.

4. 쑥이 삼밭 속에서 자라면 잡아주지 않아도 바로서고, 흰모래가 갯벌 진흙 속에 있으면 함께 모두 검어진다.

5. 삶도 내가 바라는 바이고, 의로움도 내가 바라는 바이다. 둘을 겸하여 얻을 수 없다면 삶을 버리고 의로움을 택하겠다.

문장 이해

1. 자식은 부모를 위해 감춰준다
   섭공이 공자에게 말했다. "우리 마을에 행실이 정직한 자가 있는데, 아버지가 양을 훔치자 아들이 그를 고발했습니다." 공자가 말했다. "우리 마을의 정직한 자는 이와 다릅니다. 아버지는 자식을 위해 잘못을 감춰주고 자식은 아버지를 위해 잘못을 감춰주는데, 정직함이란 그 안에 있습니다."

2. 하지 않는 것과 못하는 것

(맹자가) 말했다. "어떤 자가 왕에게 아뢰기를, '나의 힘은 삼천 근의 무게를 충분히 들 수 있으나 깃털 하나 들 수 없으며, 시력은 가을 털갈이한 짐승의 솜털 끝을 족히 볼 수 있지만 수레에 가득 실린 땔나무를 보지 못합니다.'라고 한다면 왕께서는 그 말을 믿겠습니까?" (왕이) 말하였다. "아니오." "지금 은혜가 금수에게까지 미치면서 치적이 백성에게 이르지 않는 것은 유독 무슨 까닭이겠습니까? 그렇다면 깃털 하나를 들지 못한 것은 거기에 힘을 쓰지 않아서이며, 수레에 가득 실린 땔나무를 보지 못한 것은 거기에 시력을 쓰지 않아서이며, 백성들이 보살핌을 받지 못한 것은 그들에게 은혜를 쓰지 않아서입니다. 그러므로 왕께서 왕도정치를 시행하지 않음은 하지 않는 것이지 못하는 것이 아닙니다."

한시 감상 ▶

산중문답

나에게 왜 청산에 사느냐고 묻기에
웃으며 대답 않으니 마음이 절로 한가해라.
복사꽃이 물 따라 아득히 흘러가는 곳
별천지이지 인간세상이 아니라오.

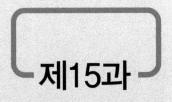

제15과

01 無友不如己者[1], 過則勿憚改[2].
무 우 불 여 기 자 　 과 즉 물 탄 개

『論語논어 · 學而학이』

중국어 발음

Wú yǒu bù rú jǐ zhě, guò zé wù dàn gǎi.

어휘 설명

1) 無友(무우): 벗하지 말라. 친구로 삼지 말라.
　 不如(불여): ~만 못하다.
2) 過(과): 허물. 잘못.
　 憚(탄): 꺼리다. 싫어하다.

어법 설명

금지사(無, 勿, 毋)+동사: ~하지 말라
① 無(무)
　 無忘乃父之志(무망내부지지) 네 부친의 뜻을 잊지 말거라.
② 勿(물)
　 己所不欲, 勿施於人(기소불욕, 물시어인) 자기가 싫어하는 것을 남에게 하지 말라.
③ 毋(무)
　 寧缺毋濫(영결무람) 차라리 모자랄지언정 넘치지 말라.

02 天時不如地利¹, 地利不如人和².
천 시 불 여 지 리   지 리 불 여 인 화

『孟子맹자・公孫丑下공손추하』

중국어 발음

Tiān shí bù rú dì lì, dì lì bù rú rén hé.

어휘 설명

1) 天時(천시): 하늘이 내려 준 때, 곧 전쟁을 치르기에 좋은 기후조건.
   地利(지리): 지리적인 이점, 곧 험준한 지형이나 요새.
2) 人和(인화): 인화단결, 곧 백성들의 단결된 마음.

어법 설명

不如(불여)
① A不如B: A는 B만 못하다 / A하느니 B하는 것이 낫다
   百聞不如一見(백문불여일견) 백번 들느니 한 번 보는 것만 못하다.
   斯自以爲不如非(사자이위불여비) 이사는 자신이 한비자만 못하다고 여겼다.
② 不如B: 차라리 B하는 것이 낫다
   不如不遇傾城色(불여불우경성색) 경국지색의 미인을 만나지 않았음이 나았다.

03 愛多者則法不立¹, 威寡者則下侵上².
애 다 자 즉 법 불 립   위 과 자 즉 하 침 상

중국어 발음

Ài duō zhě zé fǎ bú lì, wēi guǎ zhě zé xià qīn shàng.

어휘 설명

1) 愛(애): 인자함. 자애로운 마음.
   多(다): 과다하다. 지나치다.
   立(립): 바로서다.
2) 威(위): 권위.
   寡(과): 모자라다.
   侵(침): 대들다. 무시하다.

04 智者千慮¹, 必有一失². 愚者千慮³, 必有一得⁴.
지 자 천 려　　필 유 일 실　　우 자 천 려　　필 유 일 득

『史記사기 · 淮陰侯列傳회음후열전』

중국어 발음

Zhī zhě qiān lǜ, bì yǒu yī shī. Yú zhě qiān lǜ, bì yǒu yī dé.

어휘 설명

1) 智者(지자): 지혜로운 사람.
　　千慮(천려): 천 가지를 생각하다. 주도면밀하게 고려하다.
2) 一失(일실): 한 번의 착오. 한 번의 실수.
3) 愚者(우자): 어리석은 사람.
4) 一得(일득): 한 번의 적중. 한 번의 성공.

해제

『사기(史記)』: 사마천(司馬遷)이 편찬한 기전체(紀傳體)의 사서(史書). 황제(皇帝)부터 한나라 무제 (武帝) 때까지 약 3천년 동안의 역사를 기재하였다. 본기(本紀)12권, 세가(世家)30권, 열전(列傳)70 권, 표(表)10권, 書(서)8권 등 모두 130권으로 구성되어 있다.

05 言悖而出者¹, 亦悖而入, 貨悖而入者², 亦悖而出.
언 패 이 출 자 　 역 패 이 입 　 화 패 이 입 자 　 역 패 이 출

『大學대학·傳十전10』

중국어 발음

Yán bèi ér chū zhě, yì bèi ér rù, huò bèi ér rù zhě, yì bèi ér chū.

어휘 설명

1) 悖(패): 순리에 어긋나다.
　　言悖(언패): 도리에 어긋난 말을 하다.
2) 貨悖(화패): 재물이 어긋나게 들어오다. 불법적인 수단으로 재물을 취득하는 것을 말한다.

어법 설명

접속사 而(이)
① 순접과 병렬관계: ~하고, 아울러
　　任重而道遠(임중이도원) 책임이 무겁고 갈 길이 멀다.
② 역접과 전환관계: 그러나, ~하지만
　　人不知而不慍(인부지이불온) 남이 알아주지 않아도 화내지 않는다.
③ 조건과 인과관계: ~해야 곧, 이로 인하여
　　樹成蔭而衆鳥息焉(수성음이중조식언): 나무가 그늘을 이루어야 뭇 새가 거기서 쉰다.

해제

『대학(大學)』: 유가의 수신치국평천하(修身治國平天下)사상을 논술한 경전. 원래 『소대예기(小戴禮記)』제42편에 실려 있었으나, 남송(南宋)의 주희(朱熹)가 경(經)1장 전(傳)5)10장의 『대학장구(大學章句)』로 독립시켜 4서의 하나로 편입시켰다.

01 得魚忘筌

筌者所以在魚[1], 得魚而忘筌[2]. 蹄者所以在兔[3], 得兔而忘蹄. 言者所以在
전 자 소 이 재 어　　득 어 이 망 전　　제 자 소 이 재 토　　득 토 이 망 제　　언 자 소 이 재

意[4], 得意而忘言[5]. 吾安得夫忘言之人而與之言哉[6]!
의　　득 의 이 망 언　　오 안 득 부 망 언 지 인 이 여 지 언 재

『莊子장자 · 外物외물』

중국어 발음

Quán zhě suǒ yǐ zài yú, dé yú ér wàng quán. Tí zhě suǒ yǐ zài tú, dé tú ér wàng tí. Yán zhě suǒ yǐ zài yì, dé yì ér wàng yán. Wú ān dé fū wàng yán zhī rén ér yǔ zhī yán zāi!

 해제

이 글은 장자의 언의관(言意觀)를 대변한다. 도가(道家)는 전통적으로 의사전달수단으로서의 언어 는 불완전하다고 여기고 신뢰하지 않는다. 이를 해결하기 위해 장자는 말의 원래 의도와 정신을 이해하는 '득의망언(得意忘言)'의 방법을 제시하였다.

1) 筌(전): 통발, 곧 물고기를 잡는 기구.

　　在(재): (의도, 목적, 중점, 기능이) ~에 있다. ~에 달려있다.

　　在魚(재어): 목적이 고기를 잡는 데에 있다.

2) 得魚(득어): 고기를 잡다.

　　忘筌(망전): 통발을 잊어버리다.

3) 蹄(제): 올가미.

4) 在意(재의): 목적이 의사를 전달하는 데에 있다.

5) 得意(득의): 뜻을 파악하다. 원래 의도를 이해하다.

　　忘言(망언): 말을 잊어버리다. 의사전달의 수단에 불과한 말을 초월한다는 뜻이다.

6) 夫(부): 대저. 대체로. 발어사(發語辭)이다.

　　與之言(여지언): 그와 말을 나누다.

(1) 所以(소이)

　　① 전치사: 도구, 수단, 방법, 원인, 목적 등을 나타낸다.

　　吾知所以距子矣(오지소이거자의) 나는 그대를 막는 방법을 안다.

　　② 접속사: 때문에, 그러므로

　　酒本非禮, 所以不拜(주본비례, 소이불배) 술은 본래 예절에 어긋나므로 절하지 않은 것이다.

(2) 의문사 安(안)

　　① 어디

　　沛公安在(패공안재) 패공은 어디에 있는가?

　　② 어떻게

　　安得猛士兮守四方(안득맹사혜수사방) 어떻게 용맹한 장사를 얻어 사방을 지킬 것인가!

　　③ 무엇

　　泰山其頹, 則吾將安仰(태산기퇴, 즉오장안앙) 태산이 무너지면 나는 무엇을 우러를까?

02 吳起吮疽

起之爲將[1], 與士卒最下者同衣食[2]. 臥不設席[3], 行不騎乘[4], 親裹贏糧[5], 與
기 지 위 장　여 사 졸 최 하 자 동 의 식　와 불 설 석　행 불 기 승　친 과 영 량　여

士卒分勞苦. 卒有病疽者[6], 起爲吮之[7]. 卒母聞而哭之. 人曰, "子卒也, 而
사 졸 분 노 고　졸 유 병 저 자　기 위 연 지　졸 모 문 이 곡 지　인 왈　자 졸 야　이

將軍自吮其疽, 何哭爲?" 母曰, "非然也. 往年吳公吮其父, 其父戰不旋
장 군 자 연 기 저　하 곡 위　모 왈　비 연 야　왕 년 오 공 연 기 부　기 부 전 불 선

踵[8], 遂死於敵[9]. 吳公今又吮其子, 妾不知其死所矣[10], 是以哭之[11]."
종　수 사 어 적　오 공 금 우 연 기 자　첩 부 지 기 사 소 의　시 이 곡 지

『史記사기 · 孫子吳起列傳손자오기열전』

중국어 발음 ▶

Qǐ zhī wèi jiàng, yǔ shì zú zuì xià zhě tóng yī shí. Wò bù shè xí, xíng bù qí chéng, qīn
guǒ yíng liáng, yǔ shì zú fèn láo kǔ. Zú yǒu bìng jū zhě, Qǐ wèi shǔn zhī. Zú mǔ wén
ér kū zhī. Rén yuē, "zǐ zú yě, ér jiāng jūn zì shǔn qí jū, hé kū wéi?" Mǔ yuē, "fēi rán yě.
Wǎng nián Wúgōng shǔn qí fù, qí fù zhàn bù xuán zhǒng, suí sǐ yú dí. Wú gōng jīn yòu
shǔn qí zǐ, qiè bù zhī qí sǐ suǒ yǐ, shì yǐ kū zhī."

해제

이 글은 오기(吳起)가 병졸을 자식처럼 아낀다는 소식을 들은 병졸 어머니의 걱정을 묘사하였다.
오기는 전국시대의 대표적인 병법가로 『오자병법(吳子兵法)』을 지었으며, 『손자병법(孫子兵法)』
을 지은 손무(孫武)와 함께 "손오"라고 불린다.

1) 起(기): 전국시대 초기의 위(衛)나라 출신 병법가 오기(吳起, B.C.440~B.C.381). 일생동안 노(魯), 위(魏), 초(楚) 세 나라를 섬기면서 내정과 군사 두 방면에 모두 탁월한 성취를 이루었다.
   爲將(위장): 주장(主將)이 되다. 주장을 맡다.
2) 同衣食(동의식): 의식주를 같이하다. 같은 옷을 입고 같은 음식을 먹다.
3) 臥不設席(와불설석): 잠잘 때 요를 깔지 않다.
4) 行不騎乘(행불기승): 행군할 때 말을 타거나 수레를 타지 않다.
5) 親裹贏糧(친과영량): 몸소 남은 양식을 싸서 짊어지다.
6) 病疽(병저): 등창을 앓다. 악성 종기가 나다.
7) 爲(위 wèi): 위하다. 대신하다.
   吮(연): 입으로 빨다.
8) 戰不旋踵(전불선종): 전투에 나가 발꿈치를 돌리지 않다. 곧 싸움터에서 후퇴하지 않았다는 뜻이다.
9) 遂(수): 이에. 마침내.
10) 妾(첩): 기혼여성이 타인에게 스스로를 일컫는 일인칭대명사.
11) 是以(시이): 이로써. 이러므로. 이 때문에.

爲(위)

① 동사(wéi): 되다, 하다
   出爲幽州刺史(출위유주자사) 밖으로 나가 유주자사가 되었다.
   諸臣不知所爲(제신부지소위) 신하들이 어찌할 바를 몰랐다
② 전치사(wèi) : ~을 위하여, ~을 대신하여
   臣請爲王言樂(신청위왕언악) 신은 왕을 위하여 음악을 이야기하겠습니다.
③ 피동의 표현 爲+명사+동사: ~하는 바가 되다, ~하게 되다
   不爲酒困(불위주곤) 술에 휘둘림 당하지 말라.

「回鄕偶書¹ 회향우서 · 1」

賀知章 하지장

少小離家老大回²,	소소이가노대회
鄕音無改鬢毛衰³.	향음무개빈모최
兒童相見不相識⁴,	아동상견불상식
笑問客從何處來⁵.	소문객종하처래

Shào xiǎo lí jiā lǎo dà huí, xiāng yīn wú gǎi bìn máo cuī.
Ér tóng xiāng jiàn bù xiāng shí, xiào wèn kè cóng hé chù lái.

● 작가 소개 ●

賀知章(하지장, 659~744): 자가 계진(季眞)이고 호는
석창(石窗)이며, 성당시대의 저명한 시인이다. 『전당
시(全唐詩)』에 그의 시 20수가 실려 있다. 이백의 시를
읽고 적선(謫仙)이라고 감탄해 이로부터 이백을 시선
(詩仙)이라고 부르는 계기가 되었다.

1) 偶書(우서): 보고 느낀 것을 우연히 옮겨 쓴 시.
2) 少小(소소): 어린 시절. 젊은 시절.
   老大(노대): 노년.
3) 鄕音(향음): 사투리.
   鬢毛(빈모): 귀밑머리.
   衰(최 cuī): 줄어들다. 드문드문해지다. 여기서는 노쇠(老衰)의 뜻이 아니다.
4) 相見(상견): 나를 만나다.
   相識(상식): 나를 알아보다.
5) 笑問(소문): 웃으며 묻다. 판본에 따라 '却問(각문)' 혹은 '借問(차문)'으로 되어 있다.

우리말 해석

명구 명언

1. 자기만 못한 자는 친구로 삼지 말며, 잘못이 있으면 고치기를 꺼려하지 말라.

2. 하늘이 내려준 때도 지리적 이점만 못하고, 지리적 이점도 백성의 단결만 못하다.

3. 너무 자애로우면 법령이 서질 않고, 권위가 부족하면 신하가 임금에게 대든다.

4. 지혜로운 사람이라도 천 번의 생각에 반드시 한 번은 실수하고, 어리석은 사람이라도 천 번을 생각하면 반드시 한 번은 적중한다.

5. 도리에 어긋난 말을 내뱉으면 또한 도리에 어긋난 말이 되돌아오고, 도리에 어긋난 재물이 들어오면 또한 도리에 어긋나게 빠져나간다.

문장 이해

1. 고기를 잡으면 통발은 잊는다
   통발이란 고기를 잡는 도구이니, 고기를 잡으면 통발을 잊어버린다. 올가미란 토끼를 잡는 도구이니, 토끼를 잡으면 올가미를 잊어버린다. 말이란 의사를 파악하는 도구이니 뜻을 파악하면 말은 잊어버린다. 내거 어떻게 해야 말을 초월한 사람을 만나 그와 말에 대해 이야기를 나눌 수 있으랴!

2. 오기가 종기를 빨아주다

오기가 장수가 되어 병졸 중에서 가장 하급자와 같은 옷을 입고 같은 음식을 먹었다. 잘 때는 요를 깔지 않았고, 행군할 때 말을 타거나 수레에 타지 않았으며, 몸소 남은 양식을 싸서 등에 짊어졌으며, 병졸들과 힘든 고생을 함께 나눴다. 병졸 중에 악성 종기가 난 자가 있었는데, 오기가 그를 위하여 종기를 빨아주었다. 병졸 모친이 그 소식을 듣고서 소리 내어 울었다. 사람들이 말했다. "아들이 졸병인데도 장군께서 몸소 아들 종기를 빨아주었거늘 어찌하여 소리 내어 우는가?" 모친이 말했다. "그렇지 않습니다. 이전에 장군께서 아이 아버지의 종기를 빨아주었더니 아이 아버지가 싸움터에 나가서 후퇴를 않고 전진하다가 끝내 적에게 전사당했습니다. 오장군께서 또 다시 아들의 종기를 빨아주니 저는 아들이 어디에서 죽을지 몰라서 이 때문에 우는 것입니다."

한시 감상 ▶

고향에 돌아와 우연히 쓰다

어려서 집을 떠나 늙어서 돌아오니
사투리 그대론데 귀밑머리 얼마 없네.
아이들이 날 보고서 알아보지 못하고
손님께서 어디서 왔냐고 웃으며 묻네.

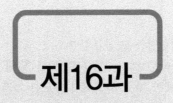

제16과

01 學而不思則罔¹, 思而不學則殆².
학 이 불 사 즉 망   사 이 불 학 즉 태

『論語논어 · 爲政위정』

중국어 발음

Xué ér bù sī zé wǎng, sī ér bù xué zé dài.

어휘 설명

1) 學(학): 배우다, 곧 경전의 성현말씀을 공부하다.
   思(사): 사고하다. 사색하다. 학문보다는 사유(思惟)를 통해 진리에 접근하는 것을 말한다.
   罔(망): 갈피를 잡지 못한다. 책만 파고 사색하지 않으면 기존 지식의 틀에 얽매인다는 뜻이다.
2) 殆(태): 위태롭다. 의혹을 풀어줄 지식의 뒷받침 없이 사색에만 의지하면 독단에 빠지기 쉬워 위험하다는 뜻이다.

어법 설명

가정문(조건문): 만약 ~한다면 곧 ~한다
① 기본형: 如A則B(여A즉B), 若A則B(약A즉B)
   王如用予, 則豈徒齊民安(왕여용여, 즉기도제민안) 왕께서 만약 나를 등용하신다면 어찌 제나라 백성만 편안하겠습니까?
② 접속사 則(즉)만 있는 경우
   水至清則無魚(수지청즉무어) 물이 너무 맑으면 물고기가 없다.
③ 가정부사 如(여), 若(약)만 있는 경우
   春若不耕, 秋無所望(춘약불경, 추무소망) 봄에 밭을 갈지 않으면 가을에 희망이 없다.

02 家貧則思良妻¹, 國亂則思良相².
가 빈 즉 사 양 처   국 란 즉 사 양 상

『史記사기 · 魏世家위세가』

중국어 발음

Jiā pín zé sī liáng qī, guó luàn zé sī liáng xiàng.

어휘 설명

1) 家貧(가빈): 집이 가난해지다.
   思(사): 생각하다. 떠올리다. 그리워하다.
   良妻(양처): 훌륭한 아내.
2) 國亂(국란): 나라가 혼란에 빠지다.
   良相(양상): 훌륭한 재상(宰相).

어법 설명

相(상)
① 부사: 서로, 서로 함께
   四人相視而笑(사인상시이소) 네 사람이 서로 보고 웃었다.
② 동사: 살펴보다, 관상을 보다
③ 명사: 재상
   王侯將相寧有種乎(왕후장상영유종호) 왕후장상이라고 어찌 종자가 따로 있겠는가?

03 救寒莫如重裘[1], 止謗莫如自修[2].
구 한 막 여 중 구 　　지 방 막 여 자 수

『三國志삼국지 · 魏書위서 · 王昶傳왕창전』

중국어 발음

Jiù hán mò rú zhòng qiú, zhǐ bàng mò rú zì xiū.

어휘 설명

1) 救寒(구한): 추위를 막다.

   莫如(막여): ~만한 것이 없다.

   重裘(중구): 겹으로 덧댄 갖옷. 두터운 모피외투를 말한다.

2) 止謗(지방); 비방을 그치게 하다.

   自修(자수): 스스로 수양하다. 자신의 인격을 닦다.

어법 설명

최상급 비교

① A莫如(=莫若)B: A는 B만한 것이 없다, A하는 데는 B가 최고이다

   至樂莫如讀書(지락막여독서) 가장 큰 즐거움은 독서만한 것이 없다

② 莫＋형용사＋개사(於, 于, 乎): ~보다 더 한 것이 없다

   孝子之至, 莫大乎尊親(효자지지, 막대호존친) 최고의 효행은 어버이를 존경함보다 더 중대한 것이 없다.

③ 莫＋형용사＋焉: ~보다 더 한 것이 없다

   過而能改, 善莫大焉(과이능개, 선막대언) 잘못을 하고 고칠 수만 있다면 선행이 이보다 좋은 것이 없다.

 해제

『삼국지(三國志)』: 서진(西晉)의 진수(陳壽)가 편찬한 위(魏)·오(吳)·촉한(蜀漢) 3국시대의 역사서. 훗날 나관중(羅貫中)이 지은 역사장회소설(歷史章回小說) 『삼국연의(三國演義)』와는 구별되는 정사(正史)이다.

04 有恒産者有恒心[1], 無恒産者無恒心.
유 항 산 자 유 항 심   무 항 산 자 무 항 심

『孟子맹자·滕文公上등문공상』

중국어 발음

Yǒu héng chǎn zhě yǒu héng xīn, wú héng chǎn zhě wú héng xīn.

어휘 설명

1) 恒産(항산): 일정 수준의 재산. 생활을 유지할 정도의 재산과 고정된 수입을 말한다.
   者(자): ①사람. ②~이면. 원인과 결과를 나타내는 문장에서 조건문의 접속사 '則(즉)'과 같은
   역할을 한다.
   恒心(항심): 일정 수준의 마음. 반란을 일으키거나 남의 것을 훔치지 않을 정도의 일정한 도덕관
   념과 행위준칙을 말한다.

어법 설명

者(자)
① A者B也: A는 B이다
   陳勝者陽城人也(진승자양성인야) 진승은 양성출신 인물이다.
② 대명사: ~하는 것, ~하는 사람
   臣之所好者道也(신지소호자도야) 신이 좋아하는 것은 도입니다.
   力不足者, 中道而廢(역부족자, 중도이폐) 능력이 부족한 사람은 중도에서 포기한다.

05 得十良馬¹, 不若得一伯樂². 得十良劍³, 不若得一歐冶⁴.
득 십 양 마　 불 약 득 일 백 락　 득 십 양 검　 불 약 득 일 구 야

『呂氏春秋여씨춘추・贊能찬능』

『呂氏春秋여씨춘추・贊能찬능』

중국어 발음

Dé shí liáng mǎ, bú ruò dé yī Bólè. Dé shí liáng jiàn, bú ruò dé yī ōuyě.

어휘 설명

1) 良馬(양마): 좋은 말, 곧 명마.
2) 伯樂(백락): 중국 춘추(春秋)시대에 명마를 잘 식별하였던 인물. 지금은 인재를 알아보고 잘 육성하는 인물의 대명사로 널리 사용된다.
3) 良劍(양검): 좋은 검, 곧 명검.
4) 歐冶(구야): 춘추시대에 명검 주조에 능했던 장인(匠人).

어법 설명

不若(불약)
① ~만 못하다
　不若與人(불약여인) 다른 사람과 함께 하는 것만 못하다.
② (차라리) ~하는 것이 낫다
　不若投諸江而忘之(불약투저강이망지) 강물에 던져버리고 잊는 것이 낫다.
③ 與其(여기)A, 不若(불약)B: A하느니 오히려 B가 낫다
　與其不義而存, 不若全義而亡(여기불의이존, 불약전의이망) 불의하게 사느니 온전히 절의를 지키며 죽는 것이 낫다.

01 顧而言他

孟子見齊宣王曰[1], "王之臣, 有託其妻子於其友[2], 而之楚遊者[3]. 比其反
맹자현제선왕왈   왕지신   유탁기처자어기우   이지초유자   비기반

也[4], 則凍餒其妻子[5], 則如之何[6]?" 王曰, "棄之[7]." 曰, "士師不能治士[8], 則
야   즉동뢰기처자   즉여지하   왕왈   기지   왈   사사불능치사   즉

如之何?" 王曰, "已之[9]." 曰, "四境之內不治[10], 則如之何?" 王顧左右而言他[11].
여지하   왕왈   이지   왈   사경지내불치   즉여지하   왕고좌우이언타

『孟子맹자 · 梁惠王下양혜왕하』

중국어 발음

Mèngzǐ xiàn Qí Xuānwáng yuē, "wáng zhī chén, yǒu tuō qí qī zǐ yú qí yǒu, ér zhī Chǔ
yóu zhě. Bǐ qí fǎn yě, zé dòng něi qí qī zǐ, zé rú zhī hé?" Wáng yuē, "qì zhī." yuē, "shì
shī bù néng zhì shì, zé rú zhī hé ?" Wáng yuē, "yǐ zhī." Yuē, "sì jìng zhī nèi bú zhì, zé rú
zhī hé?" Wáng gù zuǒ yòu ér yán tā.

해제

제나라 선왕이 여러 가지 핑계를 대며 왕도(王道)정치를 행하길 거절하였다. 이 글은 점층적인
비유로 선왕을 궁지로 몰아붙이는 맹자의 논변술이 압권이다. 또한 군왕의 권세에 굴하지 않고
실정의 책임을 묻는 맹자로부터 선비정신을 엿볼 수 있다.

1) 見(현 xiàn): 뵙다. 알현하다.

2) 託(탁): 맡기다. 부탁하다.

3) 之楚遊(지초유): 초나라로 놀러가다.

4) 比(비): 미치다. 이르다. '及(미칠 급)'과 같다.
   反(반): 되돌아오다. '돌아올 返(반)'과 같다.

5) 凍餒(동뇌): 헐벗고 굶주리게 하다.

6) 如之何(여지하): 그를 어떻게 하겠느냐.

7) 棄(기): 버리다. 절교하다.

8) 士師(사사): 옥관(獄官), 곧 고대의 사법관.
   治士(치사): 관리를 다스리다. 부하를 관리하다.

9) 已(이): 그만두게 하다. 파면시키다.

10) 四境之內(사경지내): 사방 국경의 안쪽, 곧 나라 안.

11) 顧左右而言他(고좌우이언타): 좌우를 돌아보며 다른 말을 하다.

(1) A有B者(A유B자)

  ① A 중에 B하는 자가 있다
  齊人有欲金者(제인유욕금자) 제나라 사람 중에 금을 욕심내는 자가 있었다.
  ② A 중에 B라는 자가 있다
  齊人有馮諼者(제인유풍훤자) 제나라 사람 중에 풍훤이라는 자가 있었다.

(2) 복합의문사 如之何(여지하)

  ① 이유: 왜, 어찌하여
  如之何坐而待斃也(여지하좌이대폐야) 어찌하여 앉아서 죽음을 기다리는가?
  ② 대처: 그것을 어떻게 하는가
  其事將如之何(기사장여지하) 그 일을 장차 어떻게 할 것인가?
  ※ 如何(여하)의 목적어가 대명사일 때는 如와 何 사이에 목적어를 둔다. 若何(약하)와 奈何(내하)도 마찬가지이다.

02 讀孟嘗君傳

世皆稱孟嘗君能得士[1], 士以故歸之[2], 而卒賴其力[3], 以脫於虎豹之秦[4]. 嗟
세 개 칭 맹 상 군 능 득 사　　사 이 고 귀 지　　이 졸 뢰 기 력　　이 탈 어 호 표 지 진　　차

乎[5], 孟嘗君特雞鳴狗盜之雄耳[6], 豈足以言得士? 不然, 擅齊之强[7], 得一士
호　　맹 상 군 특 계 명 구 도 지 웅 이　　기 족 이 언 득 사　　불 연　　천 제 지 강　　득 일 사

焉, 宜可以南面而制秦[8], 尚何取雞鳴狗盜之力哉[9]? 夫雞鳴狗盜之出其
언　　의 가 이 남 면 이 제 진　　상 하 취 계 명 구 도 지 력 재　　부 계 명 구 도 지 출 기

門[10], 此士之所以不至也.
문　　차 사 지 소 이 부 지 야

『臨川先生文集임천선생문집』

중국어 발음

Shì jiē chēng Mèngchángjūn néng dé shì, shì yǐ gù guī zhī, ér zú lài qí lì, yǐ tuō yú hǔ bào zhī qín. Jiē hū, Mèngchángjūn tè jī míng gǒu dào zhī xióng ěr, qǐ zú yǐ yán dé shì? Bù rán, shàn Qí zhī qiáng, dé yī shì yān, yí kě yǐ nán miàn ér zhì Qín, shàng hé qǔ jī míng gǒu dào zhī lì zāi? Fū jī míng gǒu dào zhī chū qí mén, cǐ shì zhī suǒ yǐ bù zhì yě.

해제

이 글은 북송(北宋)의 정치가이자 문장가인 왕안석(王安石)이 사마천의 『사기(史記) · 맹상군열전 (孟嘗君列傳)』을 읽고서 반박하는 논설문이다. 전문(全文)이 네 구절 88자에 불과하지만 다양한 변화와 힘찬 기세를 겸비한 단편 걸작이다.

1) 稱(칭): 칭송하다. 칭찬하다.
2) 以故歸之(이고귀지): 그런 까닭으로 그에게 몸을 맡기다.
3) 卒賴其力(졸뢰기력): 마침내 그들의 능력에 의지하다.
4) 脫於虎豹之秦(탈어호표지진): 호랑이와 표범처럼 흉포한 진나라에서 벗어나다. 당시 진의 소왕
   (昭王)이 맹상군이 진나라를 초빙해 재상으로 삼으려다가 참언을 받고 죽이려고 해서 맹상군이
   문객들과 함께 진나라를 탈출했다.
5) 嗟乎(차호): 감탄사. 탄식의 어조를 나타낸다.
6) 雞鳴狗盜之雄(계명구도지웅): 닭울음소리를 내거나 개구멍을 드나드는 도둑 따위의 우두머리.
7) 擅齊之強(천제지강): 제나라라는 강성한 국력을 보유하다.
8) 南面而制秦(남면이제진): 남면하여 진나라를 제압하다. 고대에는 군신(君臣)이 만나면 제왕은
   북쪽에 앉아 남면하고 신하는 남쪽에 앉아 조현(朝見)했다.
9) 尙(상): 오히려.
10) 夫(부): 발어사. 글 앞머리에서 문제 논의의 시작을 알리며, 해석하지 않는다.
    出其門(출기문): 그의 문하에 드나들다. '出(출)'은 출입한다는 뜻이다.

(1) 한정문: 단정적 어투로 뜻을 한정하거나 강조한다.
   ① 耳(이), 而已(이이), 而已矣(이이의), 焉耳矣(언이의): ~할 따름이다
   我愛種樹而已(아애종수이이) 나는 나무심기를 좋아할 뿐이다.
   ② 앞에 惟(유), 只(지), 直(직), 特(특) 등이 오면 더욱 단정적인 어투가 된다.
   直不百步耳(직불백보이) 단지 백보를 도망가지 않았을 따름이다.
(2) 何~哉(하~재)
   吾何畏彼哉(오하외피재) 내가 어찌 저들을 두려워하겠는가?
(3) 所以(소이): 까닭, 이유, 원인
   不知矉之所以美也(부지빈지소이미야) 이마를 찡그림이 왜 아름다운지 그 까닭을 몰랐다.

「清明청명」

杜牧두목

清明時節雨紛紛[1], 　　청명시절우분분

路上行人欲斷魂[2]. 　　노상행인욕단혼

借問酒家何處有[3], 　　차문주가하처유

牧童遙指杏花村[4]. 　　목동요지행화촌

Qīng míng shí jiē yǔ fēn fēn, lù shàng xíng rén yù duàn hún

Jiè wèn jiǔ jiā hé chù yǒu, mù tóng yáo zhǐ xìng huā cūn

● 작가 소개 ●

杜牧(두목, 803~852): 자(字)는 목지(牧之)이고 호(號)는 번천(樊川)이며, '소두(小杜)' 곧 작은 두보라고 불린다. 만당(晩唐)시기의 낭만시인으로 그가 오랜 기간 체류했던 강남의 아름다운 풍경과 직접 체험했던 향락적인 도시생활을 읊은 시를 즐겨 썼다.

1) 淸明時節(청명시절): 청명절. 24절기의 하나로 한 해 중에서 날씨가 가장 맑고 밝은 때이다. 옛 풍속으로는 이 날에 교외로 소풍을 나가거나 성묘를 하였다.

   紛紛(분분): 비나 눈이 부슬부슬 내리는 모양

2) 欲(욕): 하려고 하다.

   斷魂(단혼): 혼이 끊어지다. 상심한 모양을 말한다.

3) 借問(차문): 묻다. 남에게 모르는 것을 물을 때 사용하는 표현이다.

   何處有(하처유): 어디에 있는가? "有何處"를 도치하였다.

4) 遙指(요지): 손가락으로 멀리 가리키다.

   杏花村(행화촌): 살구꽃 피는 마을.

우리말 해석

1. 배우기만 하고 생각을 않으면 갈피를 잡지 못해 소득이 없고, 생각만 하고 배우질 않으면 의혹을 풀지 못해 위태롭다.

2. 집이 가난해지면 훌륭한 아내가 생각나고 , 나라가 어지러우면 훌륭한 재상이 생각난다.

3. 추위를 막는 데는 두텁게 덧댄 갓옷만한 것이 없고, 남의 비방을 그치게 하려면 자신을 더욱 수양하는 것이 가장 좋다.

4. 일정한 재산이 있는 자라야 일정한 마음을 유지하며, 일정한 재산이 없으면 일정한 마음이 없다.

5. 명마 열 마리를 얻느니 백락 한 사람을 얻는 것이 나으며, 명검 열 자루를 얻느니 구야 한 사람을 얻는 것이 낫다.

문장 이해 ▶

1. 고개를 돌리며 다른 말을 하다
   맹자가 제나라 선왕을 알현하여 말했다. "왕의 신하 중에 자기 아내와 자식을 친구에게 맡기고 초나라로 놀러 간 자가 있었다. 그가 돌아오니 자기 아내와 자식을 헐벗고 굶주리게 했다면 친구를 어떻게 합니까?" 왕이 말했다. "절교합니다." (맹자가) 말했다. "옥사를 관장하는 관리가 부하를 잘 관리하지 못하면 어떻게 합니까?" 왕이 말했다. "그만두게 합니다." (맹자가) 말했다. "나라 안이 잘 다스려지지 않으면 어떻게 합니까?" 왕이 고개를 좌우로 돌리면서 딴 말을 했다.

2. 「맹상군전」을 읽고 나서

세인들은 맹상군이 인재를 모으는 능력이 있는 까닭으로 훌륭한 인재들이 그의 밑으로 들어와서 마침내 호랑이와 표범처럼 흉포한 진나라를 탈출할 수 있었다고 칭송한다. 아, 맹상군은 단지 닭 울음소리를 내거나 개구멍을 드나드는 도둑 따위의 우두머리일 뿐인데 어떻게 훌륭한 인재들을 얻었다고 말할 수 있겠는가? 그렇지 않으니, 제나라라는 강성한 국력을 보유하고서 단 한 명의 훌륭한 인재라도 얻었더라면 남면해서 진나라를 제압해야 마땅하거늘, 오히려 어찌하여 닭 울음소리를 내거나 개구멍을 드나드는 도둑 따위의 힘을 빌렸는가? 닭 울음소리를 내거나 개구멍을 드나드는 도둑 따위가 그의 문하에 드나들었으니 이것이 바로 훌륭한 인재가 찾아오지 않았던 이유였다.

한시 감상

청명

청명절에 비가 부슬부슬
길 가는 나그네 마음 끊어지려네.
술집이 어디 있는가 물으니
목동이 저 멀리 가리키는 곳 살구꽃마을.

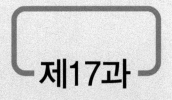

제17과

01 書猶藥也¹, 善讀之可以醫愚².
서 유 약 야   선 독 지 가 이 의 우

『說苑설원?』

중국어 발음

Shū yóu yào yě, shàn dú zhī kě yǐ yī yú.

어휘 설명

1) 猶(유): ~와 같다.
2) 善讀之(선독지): 잘 읽다. '之'는 '書'를 가리키는 목적격대명사이다.
   醫愚(의우): 우매함을 치료하다. 어리석음을 고치다.

어법 설명

猶(유)
① 동사: ~와 같다
   過猶不及(과유불급) 지나침은 미치지 못하는 것과 같다.
② 부사: 아직도, 여전히
   今君雖終, 言猶在耳(금군수종, 언유재이) 이제 임금께서 비록 돌아가셨으나 말씀은 아직도 귓가에 남아있습니다.
③ 부사: 오히려
   行善而不獲福猶多(행선이불획복유다) 선을 행하고도 복을 받지 못하는 경우가 오히려 많다.

02 出淤泥而不染¹, 濯清漣而不妖².

출 어 니 이 불 염　　탁 청 련 이 불 요

周敦頤주돈이「愛蓮說애련설」

중국어 발음

Chū yū ní ér bù rǎn, zhuó qīng lián ér bù yāo.

어휘 설명

1) 出淤泥(출어니): 진흙더미에서 나오다. '淤泥' 앞에 전치사 '於(어)'가 생략되었으며, 연못 깔린 진흙을 말한다.
   不染(염): 물들지 않다. 오염되지 않다
2) 濯(탁): 씻다. 씻기다.
   清漣(청련): 맑은 물결. '漣(연)'은 수면 위에 이는 잔잔한 물결을 말한다.
   妖(요): 요염하다.

어법 설명

역접 접속사而(이): ~이나, 그러나

荊有餘地而不足於民(형유여지이부족어민) 초나라는 땅이 남아도나 백성이 부족하다.

해제

「애련설(愛蓮說)」: 북송(北宋)의 저명한 성리학자 주돈이(周敦頤, 1017~1073)가 지은 의론산문(議論散文). 주돈이는 연꽃을 무척 좋아하여 「애련설」을 지어 연꽃을 군자의 미덕에 비유하였다. 『주렴계선생전집(周濂溪先生全集)』에 실려 있다.

03 行一不義¹, 殺一無罪², 而得天下, 仁者不爲也³.
행 일 불 의　　살 일 무 죄　　이 득 천 하　　인 자 불 위 야

『孟子맹자·公孫丑上공손추상』

중국어 발음

Xíng yī bú yì, shā yī wú zuì, ér dé tiān xià, rén zhě bù wéi yě.

어휘 설명

1) 一不義(일불의): 하나라도 불의한 짓.
2) 一無罪(일무죄): 한 명이라도 무죄한 사람.
3) 不爲(불위): 하지 않다. 저지르지 않다.

어법 설명

者(자): 대명사로 사물, 사람, 일, 행위 등을 대신 가리킨다.
① 사물
　視吾家所寡有者(시오가소과유자) 우리 집에 부족한 물건을 살펴보라.
② 사람
　仁者不憂(인자불우): 성품이 어진 사람은 걱정근심하지 않는다.
③ 일, 행위
　於斯三者何先(어사삼자하선): 이 세 가지 일 중에서 무엇이 먼저인가?

04

石可破也¹, 而不可奪堅². 丹可磨也³, 而不可奪赤⁴.

석 가 파 야   이 불 가 탈 견   단 가 마 야   이 불 가 탈 적

『呂氏春秋여씨춘추 · 季冬紀계동기』

중국어 발음

Shí kě pò yě, ér bù kě duó jiān. Dān kě mó yě, ér bù kě duó chì.

어휘 설명

1) 可破(가파): 쪼갤 수 있다. 깨트릴 수 있다.
2) 奪堅(탈견): 견고함을 빼앗다.
3) 丹(단): 주사(朱砂). 짙은 홍색을 띠는 광물로 물감재료와 약재로 쓰인다.
   可磨(가마): 연마(研磨)할 수 있다. 갈아서 가루로 만드는 것을 말한다.
4) 奪赤(탈적): 붉은 색을 빼앗다. 적색을 탈색시키다.

어법 설명

可(가): 조동사
① 가능: ~할 수 있다
   可得而聞也(가득이문야) 얻어 들을 수 있다.
② 허가: ~해도 좋다
   燕可伐與(연가벌여) 연나라를 쳐도 좋은가?
③ 당위: ~해야 한다
   此人可就見, 不可屈致也(차인가취견, 불가굴치야) 이 사람은 가서 만나야지 꺾어서 데려올 수 없다.

05 虎豹之駒未成文¹, 而有食牛之氣². 鴻鵠之羽翼未全³, 而有四海之心⁴.

호 표 지 구 미 성 문　　이 유 식 우 지 기　　홍 곡 지 우 익 미 전　　이 유 사 해 지 심

『尸子시자 · 卷下권하』

중국어 발음

Hǔ bào zhī jū wèi chéng wén, ér yǒu shí niú zhī qì. Hóng hú zhī yǔ yì wèi quán, ér yǒu sì hǎi zhī xīn.

어휘 설명

1) 虎豹之駒(호표지구): 호랑이와 표범의 새끼. '駒(구)'는 짐승의 새끼이다.
   未成文(미성문): 채 무늬가 생기지 않다. 아직 무늬가 완성되지 않다.
2) 食牛之氣(식우지기): 소를 잡아먹는 기세.
3) 鴻鵠(홍곡): 큰 기러기와 큰 고니. 매우 큰 새를 상징한다.
   羽翼(우익): 깃털과 날개. 통칭해서 날개라고 한다.
   未全(미전): 온전히 갖추지 못하다. 아직 날개가 돋지 않다.
4) 四海之心(사해지심): 사해 곧 온 세상을 날아다닐 마음.

어법 설명

未(미): 부정 부사
① 아직 발생하지 않은 동작이나 행위: (아직)~하지 않다
   未有小人而仁者也(미유소인이인자야) 소인인데 어진 사람은 있지 않다.
② 동작, 행위, 성질의 부정: ~아니다
   知人亦未易也(지인역미이야) 사람을 알아보기란 역시 쉽지 않다.

해제

『시자(尸子)』: 전국(戰國)시대에 시교(尸佼)가 유(儒) · 묵(墨) · 명(名) · 법(法)의 장점을 취해 엮은 잡가서(雜家書). 모두 20권이었으나 지금은 상권 13권 하권 2권만 전한다. 시교는 진(秦)나라 재상 상앙(商鞅)의 스승 또는 상빈(上賓)이었다고 전해진다.

01 彩衣娛親

周老萊子至孝[1], 奉二親極其甘脆[2], 行年七十[3], 言不稱老[4]. 常著五色斑
주 노 래 자 지 효   봉 이 친 극 기 감 취   행 년 칠 십   언 불 칭 로   상 착 오 색 반

爛之衣[5], 爲嬰兒戲於親側[6]. 又嘗取水上堂[7], 詐跌臥地[8], 作嬰兒啼[9], 以娛
란 지 의   위 영 아 희 어 친 측   우 상 취 수 상 당   사 질 와 지   작 영 아 제   이 오

親意[10].
친 의

『二十四孝이십사효 · 7』

Zhōu Lǎoláizǐ zhì xiào, fèng èr qīn jí qí gān cuì, xíng nián qī shí, yán bù chēng lǎo.
Cháng zhuó wǔ sè bān lán zhī yī, wéi yīng ér xì yú qīn cè. Yòu cháng qǔ shuǐ shàng
táng, zhà diē wò dì, zuò yīng ér tí, yǐ yú qīn yì.

해제

『이십사효(二十四孝)』: 원대(元代)에 곽거경(郭居敬)이 24명 효자의 행적을 기록한 책. 훗날 그림이
덧붙여져 『이십사효도(二十四孝圖)』라고도 부른다. 유가사상과 효행을 선양하는 책자로 민간에
널리 유포되었다.

1) 老萊子(노래자): 중국 춘추시대의 초(楚)나라 은사(隱士).
2) 奉二親(봉이친): 어버이를 모시다. 양친을 봉양하다.
   極其(극기): 극도로. 지극히.
   甘脆(감취): 맛이 달고 연한 음식.
3) 行年(행년): 나이.
4) 稱老(칭로): 늙었다고 일컫다. 늙음을 내세우다.
5) 斑斕(반란): 여러 빛깔이 섞여 알록달록하게 빛나다. '斑爛'으로도 표기한다.
   著五色斑斕之衣(착오색반란지의): 오색찬란한 색동옷을 입다. 색동옷은 옛날에 어린아이가 주
   로 입었다.
6) 爲嬰兒戲(위영아희): 갓난아이놀이를 하다.
7) 取水上堂(취수상당): 물을 길어 마루에 오르다.
8) 詐跌(사질): 일부러 넘어지다.
   臥地(와지): 바닥에 드러눕다.
9) 嬰兒啼(영아제): 갓난아이 울음소리.
10) 娛親意(오친의): 어버이의 마음을 즐겁게 해드리다.

(1) 동사+처소격 전치사 於(어)
   ① ~에, ~에서
   生於斯, 長於斯(생어사, 장어사) 이곳에서 나서 이곳에서 자랐다.
   ② ~에게
   無備則制於人(무비즉제어인) 준비가 없으면 남에게 통제받는다.
   ③ ~으로
   移其民於河東(이기민어하동) 그곳의 백성을 하동 지방으로 이주시킨다.
(2) 嘗(상): 일찍이 ~한 적이 있다(과거의 경험)
   未嘗有顯者來(미상유현자래) 일찍이 번듯한 사람이 온 적이 없다.

02 張儀之舌

張儀已學而遊說諸侯[1]. 嘗從楚相飮[2], 已而楚相亡璧[3], 門下意張儀曰[4], "儀
장 의 이 학 이 유 세 제 후　　상 종 초 상 음　　이 이 초 상 망 벽　　문 하 의 장 의 왈　　의

貧無行[5], 必此盜相君之璧." 共執張儀, 掠笞數百[6], 不服, 釋之. 其妻曰,
빈 무 행　　필 차 도 상 군 지 벽　　공 집 장 의　　약 태 수 백　　불 복　석 지　기 처 왈

"嘻[7]! 子毋讀書遊說[8], 安得此辱乎[9]?" 張儀謂其妻曰, "視吾舌尙在不[10]?" 其
희　　자 무 독 서 유 세　　안 득 차 욕 호　　　장 의 위 기 처 왈　　시 오 설 상 재 불　　기

妻笑曰, "舌在也." 儀曰, "足矣[11]."
처 소 왈　　설 재 야　　의 왈　　족 의

『史記사기·張儀列傳장의열전』

중국어 발음

Zhāngyí yǐ xué ér yóu shuì zhū hóu. Cháng cóng Chǔ xiàng yǐn, yǐ ér Chǔ xiàng wáng bì,
mén xià yì Zhāngyí yuē, "Yí pín wú xíng, bì cǐ dào xiàng jūn zhī bì." Gòng zhí Zhāngyí, luě
chī shù bǎi, bù fú, shì zhī. Qí qī yuē, "xī! Zǐ wú dú shū yóu shuì, ān dé cǐ rǔ hū?" Zhāngyí
wèi qí qī yuē, "shì wú shé shàng zài bù?" Qí qī xiào yuē, "shé zài yě." Yí yuē "zú yǐ."

해제

이 글은 전국(戰國)시대의 세객(說客)에게 혀가 얼마나 중요한지 잘 보여준다. 종횡가 장의가 도둑
누명을 받고 매질을 당했으나 혀가 아직 건재함을 다행으로 여겼다. 세치의 혀를 놀려 제후를 설득
하면 하루아침에 재상도 될 수 있었기 때문이다.

1) 張儀(장의, ?~B.C.310): 중국 전국(戰國)시대의 유명한 종횡가(縱橫家). 진(秦)나라 중심으로 연합해 6국의 합종(合縱)을 깨자는 연횡책(連橫策)을 주장하였다.
   遊說(유세): 돌아다니며 설득하다.

2) 嘗從楚相飮(상종초상음): 초나라 재상의 집에서 술을 마신 적이 있었다.

3) 亡璧(망벽): 벽옥을 잃어버리다. '璧'은 둥글넓적하고 중간에 구멍이 있는 고대의 옥기(玉器)로, 제천(祭天)의식에 사용하여 권력을 상징한다.

4) 門下(문하): 문객(門客). 집안의 빈객들을 말한다.
   意(의): 추측하다. 짐작하다.

5) 無行(무행): 품행이 나쁘다. 행실이 좋지 않다.

6) 掠笞(약태): 곤장을 치다. 매질하여 죄인을 다스리다.

7) 嘻(희): 감탄사. 뜻밖의 일에 놀라는 어감을 나타낸다.

8) 毋讀書遊說(무독서유세): 책이나 읽고 유세만 하지 않았더라도.

9) 安得此辱乎(안득차욕호): 어찌 이런 모욕을 당했겠는가.

10) 尚在不(상재부): 아직 있는가. 아직 건재한가. 여기서의 '不'는 어조사로서 문장 끝에서 의문의 어조를 나타낸다.

11) 足矣(족의): 그럼 되었다. 그럼 충분하다.

(1) 시간사+而(이)
   ① 俄而(아이): 얼마 지나지 않아, 금방
   ② 已而(이이), 旣而(기이): 얼마 후에, 오래지 않아
   ③ 久而(구이): 오래 지나, 오랫동안
   ④ 始而(시이): 비로소
(2) 상용 인칭대명사
   ① 일인칭: 吾(오), 予(여), 余(여)
   予告汝訓(여고여훈) 내가 너희에게 훈계하겠다.
   ② 이인칭: 子(자), 汝(여), 君(군)
   子亦有異聞乎(자역유이문호) 너 역시 별도의 가르침을 들었느냐?

「飲酒八仙歌음주팔선가」절록

杜甫두보

李白斗酒詩百篇[1],　　이백두주시백편
長安市上酒家眠[2].　　장안시상주가면
天子呼來不上船[3],　　천자호래불상선
自稱臣是酒中仙[4].　　자칭신시주중선

Lǐ Bái dòu jiǔ shī bǎi piān, Chǎngān shì shàng jiǔ jiā mián.
Tiān zǐ hū lái bú shàng chuán, zì chēng chén shì jiǔ zhōng xiān.

• 작가 소개 •

杜甫(두보, 712~770): 성당(盛唐)시대의 애국시인이자 시성(詩聖). 자(字)는 자미(子美)이다. 안사(安史)의 난을 전후한 당시의 시대상을 사실적으로 반영하여 그의 시를 '시사(詩史)'라고 일컫는다. 또한 이백과 함께 '이두(李杜)'로 불리는데, 두보가 33세 때 44세의 이백을 처음 만나 의기투합하여 망년지교(忘年之交)를 맺었다.

1) 斗酒詩百篇(두주시백편): 술 한 말을 마시고 시 백편을 짓다.

2) 長安(장안): 당나라의 수도로 지금의 서안(西安).
   市上酒家眠(시상주가면): 저자거리 술집에서 잠들다. 늘 술에 취해 쓰러져 술집에서 잠잔다는 뜻이다.

3) 呼來不上船(호래불상선): 오라고 불러도 배를 타지 않는다. 『신당서(新唐書)』의 「이백전(李白傳)」에 당 현종이 이백을 불렀으나 이미 장안의 술집에서 크게 취해있었다고 기록하였다. 또한 범전정(範傳正)의 「이백신묘비(李白新墓碑)」에 현종이 백연지(白蓮池)에 배를 띄어놓고 이백을 불렀으나 이미 술에 취해있어 환관 고력사가 부축해 배를 태웠다고 기록하였다.

4) 酒中仙(주중선): 술에 빠진 신선.

우리말 해석

명구 명언

1. 책은 약과 같아서 잘 읽으면 어리석음을 고칠 수 있다.

2. 진흙에서 나오나 물들지 않으며, 맑은 물결에 씻기나 요염하지 않다.

3. 한 가지라도 불의한 행위를 하고 한 명이라도 무죄한 백성을 죽이고 천하를 얻는 짓을 성품이 어진 사람은 하지 않는다.

4. 돌을 깰 수는 있으나 견고함은 빼앗을 수 없으며, 주사를 갈 수는 있으나 붉은 색은 빼앗을 수 없다.

5. 호랑이와 표범의 새끼는 미처 무늬가 생기지 않아도 소를 잡아먹을 기세를 지닌다. 큰 기러기와 큰 고니는 날개가 미처 돋지 않아도 온 세상을 날아다닐 마음을 품는다

문장 이해

1. 색동옷을 입고 어버이를 즐겁게 해드리다
   주나라 노래자는 효성이 지극하여 어버이를 아주 달고 연한 음식으로 정성을 다해 봉양했으며, 나이가 일흔인데도 늙었다는 말을 입에 올리지 않았다. 늘 오색찬란한 색동옷을 입고서 부모님 곁에서 갓난아이 놀이를 했다. 또한 일찍이 물을 떠서 마루에 올라가면서 일부러 넘어져 바닥에 드러누워 갓난아이 울음소리를 내어 부모님을 즐겁게 해드린 적이 있었다.

2. 장의의 혀

　장의가 공부를 마치고 제후들에게 유세하였다. 한 번은 초나라 재상과 함께 술을 마신 적이 있었는데, 얼마 후에 초나라 재상이 벽옥을 잃어버리자 문객들이 장의를 의심하며 말했다. "장의가 가난하고 행실이 나쁘니 필시 재상님 댁의 벽옥을 훔쳤을 것이다." 함께 장의를 잡아다가 곤장을 수백 대나 쳤으나 자백하지 않아 풀어주었다. 그의 아내가 말했다. "아이고! 당신이 책이나 읽고 유세만 하지 않았더라면 어떻게 이런 모욕을 당하겠소?" 장의가 그의 아내에게 말했다. "내 혀가 아직 건재한지 보시오." 그의 아내가 웃으면서 말했다. "혀가 건재합니다." 장의가 말했다. "그럼 되었소."

한시 감상 ▶

음주팔선가

이백은 술 한 말에 시 백 편이며
장안 저자 술집이 그의 잠자리.
천자가 불러도 배에 오르지 않고
자칭하길 신은 술에 빠진 신선이라오.

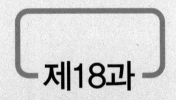

제18과

01 民爲貴¹, 社稷次之², 君爲輕³.
　　민 위 귀　　사 직 차 지　　군 위 경

『孟子맹자 · 盡心下진심하』

중국어 발음

Mín wéi guì, shè jì cì zhī, jūn wéi qīng.

어휘 설명

1) 爲貴(위귀): 귀중하다. 최우선이다. 가장 중요하다.
2) 社稷(사직): 토지신과 오곡신의 총칭. 역대로 제왕이 토지신 '社'와 오곡신 '稷'에게 제사를 지내는 곳을 사직이라 하여 국가와 왕조를 비유하는 말로 쓰인다.
　　次之(차지): 다음가다. 다음을 차지하다. 다음 순위라는 뜻이다.
3) 爲輕(위경): 가볍다. 덜 중요하다. 나중 순위이다. '민귀군경(民貴君輕)'은 맹자(孟子)의 민본주의사상을 대변한다.

어법 설명

爲(위): 중국어의 '是(shi)'와 같다.
① ~하다
　　最爲肥美(최위비미) 가장 비옥하다.
② ~이다, ~가 되다
　　不知爲不知(부지위부지) 모르는 것은 모른다고 한다.

02 婚娶而論財¹, 夷虜之道也².

혼 취 이 논 재   이 로 지 도 야

『中說중설・事君사군』

중국어 발음

Hūn qǔ ér lùn cái, yí lǔ zhī dào yě.

어휘 설명

1) 婚(혼): 시집가다. 고대에는 여성이 황혼 무렵에 출가했다.

娶(취): 장가들다. 아내를 들이다.

2) 論財(논재): 재물을 따지다. '財'는 혼수와 지참금을 말한다.

3) 夷虜之道(이로지도): 야만인의 방법. 야만인의 전통. '夷'는 중국의 동쪽 이민족이고, '虜'는 중국의 북방 이민족이다. 중국은 중화사상 관점에서 이민족을 오랑캐로 폄하했다.

어법 설명

종결형 어기조사 也(야)

① 판단, 단정, 긍정의 어감: ~이다

董狐, 古之良史也(동호, 고지양사야) 동호는 옛날의 뛰어난 사관이다.

② 원인을 나타낸다: ~ 때문이다, ~해서이다

非我也, 歲也(비아야, 세야) 나 때문이 아니고 흉년이 들어서이다.

해제

『중설(中說)』: 중국 수(隋)나라 학자 왕통(王通)의 어록. 두 아들이 『논어』의 체재를 모방해 엮었으며, 왕통의 개인 시호가 문중자(文仲子)라서 『문중자』라고도 한다. 모두 10권이며, 유불선(儒佛仙)의 이론을 혼합하여 삼교합일을 주장했다.

03 雖有至聖¹, 不生而知². 雖有至才³, 不生而能⁴.

　　　수 유 지 성　　 불 생 이 지　　 수 유 지 재　　 불 생 이 능

『潛夫論잠부론 · 贊學찬학』

중국어 발음

Suī yǒu zhì shèng, bù shēng ér zhī. Suī yǒu zhì cái, bù shēng ér néng.

어휘 설명

1) 至聖(지성): 지극한 성인. 최고 성인의 자질.
2) 生而知(생이지): 태어나면서부터 모든 것을 알다. 『논어』에서 공자는 태어나면서부터 아는 것이 최상이지만 자신은 "生而知之(생이지지)"한 사람이 아니라고 했다.
3) 至才(지재): 지극한 재능. 최고의 인재.
4) 生而能(불생이능): 태어나면서부터 만능이다.

어법 설명

雖(수)

① 접속사로 양보 또는 가정을 나타낸다: ~라도, 비록 ~이지만
　　人雖至愚, 責人則明(인수지우, 책인즉명) 설사 지극히 어리석은 사람일라도 남을 책망할 땐 총명해진다.
② 부사: 단지
　　雖有明君, 能決之(수유명군, 능결지) 단지 훌륭한 군주만이 그것을 터줄 수 있다.

해제

『잠부론(潛夫論)』: 후한 때 유학자 왕부(王符)가 편찬한 책. 모두 10권 36편으로, 덕치와 교화를 바탕으로 한 치국안민(治國安民)의 방책을 제시하였다.

04 不飛則已¹, 一飛沖天². 不鳴則已³, 一鳴驚人⁴.
불비즉이　일비충천　불명즉이　일명경인

『史記사기 · 滑稽列傳골계열전』

중국어 발음

Bù fēi zé yǐ, yī fēi chòng tiān. Bù míng zé yǐ, yī míng jīng rén.

어휘 설명

1) 已(이): 그만이다. 그뿐이다.
2) 沖天(충천): 하늘까지 솟아오르다
3) 鳴(명): 울다.
4) 驚人(경인): 사람을 놀라게 하다. 놀랄 만한 성취를 이룬 것을 가리킨다.

어법 설명

不A則B(불A즉B): A하지 않으면 곧 B하다

　　凡事不豫則廢(범사불예즉폐) 모든 일은 미리 준비하지 않으면 실패한다.

05 河氷結合¹, 非一日寒². 積土成山³, 非斯須之作⁴.
하 빙 결 합　　비 일 일 한　　적 토 성 산　　비 사 수 지 작

『論衡논형 · 狀留상류』

중국어 발음

Hé bīng jié hé, fēi yī rì hán. Jī tǔ chéng shān, fēi sī xū zhī zuò.

어휘 설명

1) 河氷結合(하빙결합): 강에 얼음이 얼다. '結合'은 '얼다'의 뜻이다.
2) 一日寒(일일한): 하루 추위. 하루만의 추위.
3) 積土成山(적토성산): 흙이 쌓여서 산을 이루다. 원래『순자(荀子) · 권학(勸學)』에 나오는 말이다.
4) 斯須(사수): 잠시 사이. 매우 짧은 시간을 뜻하는 말이다.

어법 설명

非(비)
① 부정 부사: ~가 아니다
　　以貴驕人, 非道也(이귀교인, 비도야) 귀한 신분이라고 남에게 교만하면 도리가 아니다.
② 명사: 잘못
　　痛改前非(통개전비): 지난날의 잘못을 뼈저리게 뉘우치고 철저히 고치다.
③ 동사: 비난하다
　　人爭非之, 以爲鄙吝(인쟁비지, 이위비린) 사람들이 다투어 그를 비난하니, 속되고 천하다고 여겼다.

해제

『논형(論衡)』: 후한의 사상가 왕충(王充)이 편찬한 책. 모두 13권, 85편이다. 당시 사회에 성행한 참위(讖緯)풍조와 신비주의적 미신을 겨냥하여 무신론(無神論)적인 관점을 피력하였다. '衡'은 원래 저울이란 뜻으로, 당시의 가치관을 저울질한다는 뜻이다.

01 混沌之死

南海之帝爲儵¹, 北海之帝爲忽², 中央之帝爲混沌³. 儵與忽時相與遇⁴於
남 해 지 제 위 숙   북 해 지 제 위 홀   중 앙 지 제 위 혼 돈   숙 여 홀 시 상 여 우 어

混沌之地, 混沌待之甚善⁵. 儵與忽謀報混沌之德⁶, 曰, "人皆有七竅⁷, 以
혼 돈 지 지   혼 돈 대 지 심 선   숙 여 홀 모 보 혼 돈 지 덕   왈   인 개 유 칠 규   이

視聽食息⁸, 此獨無有⁹, 嘗試鑿之¹⁰." 日鑿一竅¹¹, 七日而混沌死.
시 청 식 식   차 독 무 유   상 시 착 지   일 착 일 규   칠 일 이 혼 돈 사

『莊子장자・應帝王응제왕』

중국어 발음 ▶

Nán hǎi zhī dì wéi Shū, běi hǎi zhī dì wéi Hū, zhōng yāng zhī dì wéi Húndùn. Shū yǔ
Hū shí xiāng yǔ yù yú Húndùn zhī dì, Húndùn dài zhī shèn shàn. Shū yǔ Hū móu bào
Húndùn zhī dé, yuē, "rén jiē yǒu qī qiào, yǐ shì tīng shí xī, cǐ dú wú yǒu, cháng shì záo
zhī." Rì záo yī qiào, qī rì ér Húndùn sǐ.

해제

이 글에서 숙(儵)과 홀(忽)이 순간적인 지혜로 혼돈의 자연성을 훼손하자 혼돈이 사망하였다. 도가(道家)의 무위자연(無爲自然)사상을 알기 쉽게 설명한 우언이다. 이처럼 장자는 도(道)를 설명할 때 열에 아홉은 우언의 방식을 사용하였다.

1) 倏(숙): 우언 속 가상인물의 이름.
2) 忽(홀): 우언 속 가상인물의 이름. '倏'과 '忽' 모두 '갑자기'라는 뜻으로 두 인물의 조급한 성격을 풍자한다.
3) 渾沌(혼돈): 우언 속 가상인물의 이름. 도의 순박하고 자연스런 상태를 상징한다.
4) 時(시): 늘. '常(항상 상)'과 같다.
   相與遇(상여우): 서로 함께 모이다.
5) 待之甚善(대지심선): 그들을 매우 잘 대접하다. '之'는 목적격대명사로 '倏과 忽'을 가리킨다.
6) 謀(모): 의논하다.
   報(보): 보답하다.
7) 七竅(칠규): 일곱 구멍. 입, 두 귀, 두 눈, 두 콧구멍을 가리킨다.
8) 視聽食息(시청식식): 보고 듣고 먹고 숨 쉬다.
9) 此獨無有(차독무유): 이 사람만 유독 없다. '此'는 혼돈을 가리킨다.
10) 嘗試(상시): 시도해보다. 시험 삼아 해보다.
    鑿之(착지): 그에게 구멍을 뚫어주다. '之'는 혼돈을 가리킨다.
11) 日鑿一竅(일착일규): 하루에 구멍을 하나씩 뚫다.

(1) 與(여)
    ① 전치사로 영어의 'with'와 같다: ~와 함께, ~와 더불어
    不足與謀大事(부족여모대사) 함께 대사를 도모할 수 없다.
    ② 접속사로 영어의 'and'와 같다: ~와, ~과
    子罕言利與命(자한언이여명) 공자께서 이익과 천명을 거의 언급하지 않았다.
    ③ 동사: 주다, 칭찬하다
    以國與人(이국여인) 나라를 남에게 주다.
    早過夕改, 君子與之(조과석개 군자여지) 아침의 잘못을 저녁에 고치면 군자가 칭찬한다.
(2) 시간사(日, 旬, 月, 年, 久)+而(이): ~지나서
    三月而神色始復(삼월이신색시복) 석달이 지나서야 안색이 비로소 회복되었다.

02 小兒不畏虎

有婦人晝日置小兒沙上[1], 而浣衣於水者[2]. 虎自山上馳來[3], 婦人倉皇沈
유 부 인 주 일 치 소 아 사 상   이 완 의 어 수 자   호 자 산 상 치 래   부 인 창 황 침

水避之[4], 二小兒戲沙上自若[5]. 虎熟視久之[6], 至以首抵觸[7], 庶幾其一懼[8],
수 피 지   이 소 아 희 사 상 자 약   호 숙 시 구 지   지 이 수 저 촉   서 기 기 일 구

而兒癡[9], 竟不知, 虎亦尋卒去[10]. 意虎之食人[11], 先被之以威[12], 而不懼之
이 아 치   경 부 지   호 역 심 졸 거   의 호 지 식 인   선 피 지 이 위   이 불 구 지

人, 威亦無所施歟[13]!
인   위 역 무 소 시 여

蘇軾소식「東坡題跋동파제발」

중국어 발음

Yǒu fù rén zhòu rì zhì xiǎo ér shā shàng, ér huàn yī yú shuǐ zhě. Hǔ zì shān shàng chí
lái, fù rén cāng huáng shěn shuǐ bì zhī, èr xiǎo ér xì shā shàng zì ruò. Hǔ shú shì jiǔ
zhī, zhì yǐ shǒu dǐ chù, shù jǐ qí yī jù, ér ér chī, jìng bù zhī, hǔ yì xún zú qù. Yì hǔ zhī
shí rén, xiān bèi zhī yǐ wēi, ér bú jù zhī rén, wēi yì wú suǒ shī yú!

해제

이 글은 중국 송(宋)나라의 문장가 소식(蘇軾)이 아우 소철(蘇轍)의 「맹덕전(孟德傳)」 뒤쪽에 감상
을 적은 발문(跋文)의 일부이다. 호랑이는 자신을 무서워하지 않는 사람을 무서워한다는 소철에게
소식은 갓난아이처럼 무지나 기세만 갖고 호랑이와 맞설 수 없다고 일러준다. 권력자의 노여움을
사지 말라는 당부가 언외에 담겨있다.

1) 晝日(주일): 낮. 백주.

   置(치): 놓아두다.

2) 浣衣(완의): 옷을 빨다. 빨래하다.

3) 馳來(치래): 빠르게 달려오다.

4) 倉皇(창황): 매우 급해 허둥지둥하는 모양.

   沈水(침수): 강물 속으로 뛰어들다. 강물 속에 잠기다.

5) 戱(희): 놀다. 장난치다.

   自若(자약): 태연한 모양. 태연자약(泰然自若), 곧 아무렇지 않은 모양.

6) 熟視久之(숙시구지): 오래 동안 자세히 살펴보다. 여기서의 '之'는 어기조사로, 시간을 나타내
   는 말 뒤에 붙어 어투를 부드럽게 한다.

7) 至以首抵觸(지이수저촉): 심지어 머리로 부딪히다.

8) 庶幾(서기): 희망하다. 거의 ~하길 바라다.

   其一懼(기일구): 아이가 한번 무서워하다. 아이가 한번이라도 겁을 먹다.

9) 痴(치): 무지하다. 천진하다. 철이 없다.

10) 尋卒(심졸): 오래지 않아 끝내. 얼마 있지 않고 마침내.

11) 意(의): ① 생각건대. 짐작컨대. ② 감탄사 噫(희).

12) 被之以威(피지이위): 위협을 가하다. '之'는 '人'을 가리킨다.

13) 無所施(무소시): 펼칠 데가 없다. 어찌할 방도가 없다.

   歟(여): 의문, 추측, 감탄을 나타내는 종결형 어기조사.

之(지)

① 어기 조사

   頃之, 煙炎長天(경지, 연염장천) 조금 지나자 연기가 하늘을 뒤덮었다.

② 목적격 대명사

   人皆吊之(인개조지) 사람들 모두 그를 조문하였다.

③ 동사: 가다

   吾欲之南海(오욕지남해) 나는 남해로 가려고 한다.

「蜀相촉상」

杜甫두보

丞相祠堂何處尋,	승상사당하처심
錦官城外柏森森.	금관성외백삼삼
映階碧草自春色,	영계벽초자춘색
隔葉黃鸝空好音.	격엽황리공호음
三顧頻煩天下計,	삼고빈번천하계
兩朝開濟老臣心.	양조개제노신심
出師未捷身先死,	출사미첩신선사
長使英雄淚滿襟.	장사영웅루만금

Chéng xiàng cí táng hé chù xún, jǐn guān chéng wài bǎi sēn sēn.

Yìng jiē bì cǎo zì chūn sè, gé yè huáng lí kōng hǎo yīn.

Sān gù pín fán tiān xià jì, liǎng cháo kāi jì lǎo chén xīn.

Chū shī wèi jié shēn xiān sǐ, cháng shǐ yīng xióng lèi mǎn jīn.

●작가 소개●

杜甫(두보, 712~770): 성당(盛唐)시대의 애국시인이자 시성(詩聖). 자(字)는 자미(子美)이다. 안사(安史)의 난을 전후한 당시의 시대상을 사실적으로 반영하여 그의 시를 '시사(詩史)'라고 일컫는다. 또한 이백과 함께 '이두(李杜)'로 불리는데, 두보가 33세 때 44세의 이백을 처음 만나 의기투합하여 망년지교(忘年之交)를 맺었다.

어휘 설명

1) 蜀相(촉상): 중국 삼국시대 촉한(蜀漢)의 승상 제갈량(諸葛亮).
   祠堂(사당): 제갈무후사(諸葛武侯祠). 제갈량을 모시는 사당으로 지금의 사천성(四川省) 성도(成都)시에 소재한다.
   何處尋(하처심): 어디 가서 찾을 수 있나.
2) 錦官城(금관성): 고대 성도(成都)의 별칭. 촉한의 재정수입 대부분이 비단에서 나와서 촉한의 수도 성도를 '錦城' 또는 '錦官城'으로도 불렀다.
   柏森森(백삼삼): 측백나무가 무성하게 우거진 모양.
3) 映階碧草(영계벽초): 계단에 비친 푸른 풀.
   自春色(자춘색): 저절로 봄빛을 띠다.
4) 隔葉(격엽): 나뭇잎 너머. 나뭇잎 사이.
   黃鸝(황리): 꾀꼬리.
   空好音(공호음): 괜스레 고운 소리로 지저귄다. 꾀꼬리는 습관적으로 지저귀고 시인도 들을 마음이 없음을 말한다.
5) 三顧(삼고): 삼고초려(三顧草廬). 유비(劉備)가 제갈량을 세 번 찾아가 천하통일의 대계(大計)를 물었다.
   頻煩(빈번): 자주. 누차. 빈번하게.
6) 兩朝(양조): 두 임금.
   開濟(개제): 선주(先主) 유비의 개국을 돕고 후주(後主) 유선(劉禪)의 황위 계승을 보좌하다. '濟'는 '助(도울 조)'와 같다.
7) 出師未捷(출사미첩): 출병하여 승전보를 알리지 못하다.
   身先死(신선사): 몸이 먼저 병사(病死)하다.
8) 長(장): 길이. 영원히. '常(늘 상)'과 같다.
   淚滿襟(루만금): 옷깃에 눈물을 가득 적시다.

우리말 해석

1. 시집가고 장가들면서 재물을 따지는 것은 야만인의 전통이다.

2. 백성이 귀중하고, 사직이 다음이고, 임금은 나중이다.

3. 비록 최고 성인의 자질을 지녔을지라도 태어나면서부터 다 알지 않으며, 비록 최고 인재의 능력을 지녔을지라도 태어나면서부터 만능은 아니다.

4. 날지 않으면 그만이지만 한번 날았다면 하늘까지 높이 솟아오르고, 울지 않으면 그만이지만 한번 울었다면 사람들을 깜짝 놀라게 한다.

5. 강에 얼음이 어는 것은 하루 추위 때문이 아니며, 흙을 쌓아 산을 이룸은 순식간에 되는 일이 아니다.

문장 이해

1. 혼돈의 죽음
   남해의 임금은 숙이었고, 북해의 임금은 홀이었고, 중앙의 임금은 혼돈이었다. 숙과 홀은 늘 함께 혼돈의 땅에서 만났으며, 혼돈이 그들을 아주 잘 대해주었다. 숙과 홀이 혼돈의 은덕을 갚는 일을 의논하면서 말했다. "사람에게 모두 일곱 개의 구멍이 있어 그것으로 보고 듣고 먹고 숨을 쉬는데, 이 사람만 유독 가지고 있지 않으니 그에게 구멍을 뚫어주자!" 날마다 구멍 한 개를 뚫었고, 7일이 지나자 혼돈이 죽었다.

2. 어린아이는 호랑이를 무서워하지 않는다

어떤 아낙네가 어린아이 둘을 모래밭 위에 두고 물가에서 빨래를 하였다. 호랑이가 산위에서 달려 내려오자 부인은 허둥지둥 강물 속에 뛰어들어 피했으나 어린아이 둘은 모래밭 위에서 태연하게 장난치며 놀았다. 호랑이가 한참이나 꼼꼼히 살피다가 머리로 툭툭 건드리며 한번이라도 겁을 먹길 바랐으나 철없는 아이들이 도무지 알아채지 못하자 호랑이도 얼마 있다가 마침내 가버렸다. 생각건 대, 호랑이가 사람을 잡아먹을 때 먼저 위협을 가하나 겁을 먹지 않는 사람에게는 위협 또한 펼칠 방도가 없도다!

한시 감상 ▶

촉상

제갈승상 사당을 어디에서 찾을꼬?
성도 성문 밖에 측백나무 우거졌으니.
섬돌에 비친 푸른 풀은 절로 봄빛을 띠고
나뭇잎 사이로 꾀꼬리가 괜스레 곱게 우네.
삼고초려 마다함은 천하대계 위해서고
두 임금을 보필함은 늙은 신하 충심이라.
출병하나 승전하기 전에 몸 먼저 병사하니
길이 고금영웅 옷깃에 눈물 가득 적시네.

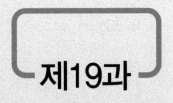

제19과

01 三軍可奪帥也[1], 匹夫不可奪志也[2].
삼 군 가 탈 수 야   필 부 불 가 탈 지 야

『論語논어・子罕자한』

중국어 발음

Sān jūn kě duó shuài yě, pǐ fū bù kě duó zhì yě.

어휘 설명

1) 三軍(삼군): 일국 군대의 통칭. 고대 중국의 주(周)나라 법제로는 일군(一軍)은 12,500명의 군사로 편제되고, 제후국 중 대국만이 삼군을 보유하였다.
   奪帥(탈수): 장수(將帥)를 빼앗다. 장수를 포로로 잡는 것을 말한다.
2) 匹夫(필부): 평민. 평범한 장정.
   奪志(탈지): 뜻을 꺾다. 지조를 꺾다.

어법 설명

전치사 於(어)의 생략

'동사+목적어+於+명사'구문에서 명사를 구절 앞에 놓고 '於'를 생략한다.

可奪帥於三軍也 → 三軍可奪帥也(삼군가탈수야) 삼군에게서 장수를 빼앗아오다.

不可奪志於匹夫也 → 匹夫不可奪志也(필부불가탈지야) 필부라도 그의 지조를 꺾을 수는 없다.

02 人皆知有用之用¹, 而莫知無用之用也².

인 개 지 유 용 지 용 　 이 막 지 무 용 지 용 야

『莊子장자・人間世인간세』

중국어 발음

Rén jiē zhī yǒu yòng zhī yòng, ér mò zhī wú yòng zhī yòng yě.

어휘 설명

1) 皆(개): 모두.
   有用之用(유용지용): 쓸모 있는 것의 유용성.
2) 莫知(막지): 아무도 모르다.
   無用之用(무용지용): 쓸모 없는 것의 유용성. 장자(莊子)는 산속의 곧게 뻗은 나무는 재목감으로 베어져 단명하지만 재목감으로 쓸모 없는 나무는 천년을 산다고 하였다. 인간에게 쓸모 없는 것이 나무의 입장에선 오히려 더 쓸모 있게 된다. 이것이 바로 무용의 유용성이다.

어법 설명

莫(막)+동사
① 사람: 아무도 ~하지 않다
   莫敢過其門(막감과기문) 아무도 감히 그 문을 지나가지 않았다.
② 사물: 아무것도 ~않다
   東西南北, 莫可奔走(동서남북, 막가분주) 동서남북 아무 데도 도망갈 곳이 없다.

03 好學近乎知¹, 力行近乎仁², 知恥近乎勇³.
호 학 근 호 지   역 행 근 호 인   지 치 근 호 용

『中庸중용 · 第二十章제20장』

중국어 발음

Hào xué jìn hū zhī, lì xíng jìn hū rén, zhī chǐ jìn hū yǒng.

어휘 설명

1) 好學(호학): 호학하다. 배우길 좋아하다.

　好乎(근호): ~에 가깝다. ~와 가깝다.

　知(지): 지혜.

2) 力行(역행): 힘써 실행하다. 익힌 지혜를 실천하는 노력을 말한다.

3) 知恥(지치): 부끄러움을 알다. 잘못을 알고 고칠 줄 아는 자세를 말한다.

어법 설명

乎(호): 於(어) 또는 于(우)와 같다.

① 乎+명사/대명사(장소, 시간, 대상): ~에, ~에서, ~에게

　生乎楚, 長乎楚(생호초, 장호초) 초나라에서 태어나 초나라에서 자랐다.

② 형용사+乎+명사/대명사: ~보다 더 ~하다. 비교의 뜻을 나타낸다.

　學莫便乎近其人(학막편호근기인): 배움은 경서에 통달한 사람을 가까이함보다 편한 것이 없다.

해제

『中庸(중용)』: 중용의 미덕을 논술한 유가경전. 원래 『소대예기(小戴禮記)』제31편에 실려 있었으나, 남송(南宋)의 주희(朱熹)가 33장의 『중용장구(中庸章句)』로 정리하여 4서의 하나로 편입시켰다. 중용은 언제 어디서나 가장 적합한 행동준칙이라는 뜻이다.

04 富貴不能淫¹, 貧賤不能移², 威武不能屈³.
부 귀 불 능 음   빈 천 불 능 이   위 무 불 능 굴

『孟子맹자·滕文公下등문공하』

중국어 발음

Fù guì bù néng yín, pín jiàn bù néng yí, wēi wǔ bù néng qū.

어휘 설명

1) 不能(불능): ~해선 안 된다. ~할 수는 없다.
   淫(음): ①음란한 마음을 품다. ②교만하고 방탕해지다.
2) 貧賤(빈천): 가난과 천한 신분.
   移(이): 바뀌다. 옮겨가다. 행실이 바뀌거나 지조가 변하는 것을 말한다.
3) 威武(위무): 위세와 무력. 권력자의 위협.
   屈(굴): 굴복하다. 지조가 꺾이다.

어법 설명

不能(불능)+동사
① 못하다, 할 수 없다
   弟子不能學也(제자불능학야) 제자들은 따라 배우지 못합니다.
② ~해선 아니 된다
   得意之時, 不能驕狂(득의지시, 불능교광) 득의할 때에 교만방자해선 아니 된다.

05 千羊之皮¹, 不如一狐之掖². 千人之諾諾³, 不如一士之諤諤⁴.
천 양 지 피   불 여 일 호 지 액   천 인 지 낙 락   불 여 일 사 지 악 악

『史記사기·趙世家조세가』

중국어 발음

Qiān yáng zhī pí, bù rú yī hú zhī yè. Qiān rén zhī nuò nuò, bù rú yī shì zhī è è.

어휘 설명

1) 千羊之皮(천양지피): 천 마리 양의 가죽.
2) 掖(액): 겨드랑이. 여기서는 겨드랑이 털을 뜻한다. '腋(액)'과 같다.
   一狐之掖(일호지액): 여우 한 마리의 겨드랑이 털. 모아서 고급 모피를 만들며, 매우 진귀한 물건을 가리키는 성어이다
3) 諾諾(낙낙): 남의 말을 잘 쫓는 모양. 아부를 뜻한다.
   千人之諾諾(천인지낙낙): 천 명이 옳다고 떠드는 말.
4) 諤諤(악악): 직언을 하는 모양.
   一士之諤諤(일사지악악): 한 선비의 직언.

어법 설명

不如(불여)
① ~만 못하다(열등비교)
   遠親不如近鄰(원친불여근린) 먼 친척은 가까운 이웃보다 못하다.
② ~와 같지 않다, 부합하지 않다
   不如臣言, 伏虛妄之罪(불여신언, 복허망지죄) 신의 말과 같지 않다면 거짓말한 죄를 달게 받겠습니다.

01 想當然耳

初¹, 曹操攻屠鄴城², 袁氏婦子多見侵略³, 而操子丕私納袁熙妻甄氏⁴. 融
초　조조공도업성　원씨부자다견침략　이조자비사납원희처견씨　융

乃與操書⁵, 稱武王伐紂⁶, 以妲己賜周公⁷. 操不悟⁸, 後問出何經典, 對曰,
내여조서　칭무왕벌주　이달기사주공　조불오　후문출하경전　대왈

"以今度之⁹, 想當然耳."
이금탁지　상당연이

『後漢書후한서·孔融傳공융전』

중국어 발음

Chū, Cáo Cāo gōng tú Yèchéng, Yuán shì fù zǐ duō jiàn qīn luè, ér Cāo zǐ Pī sī nà Yuán Xī qī Zhēn shì. Róng nǎi yǔ Cāo shū, chēng Wǔ wáng fá Zhòu, yǐ Dájǐ cì Zhōugōng. Cāo bú wù, hòu wèn chū hé jīng diǎn, duì yuē "yǐ jīn duó zhī, xiǎng dāng rán ěr"

해제

203년에 조조가 업성(鄴城)을 점령한 뒤 아들 조비가 원소의 며느리 견씨(甄氏)를 강점했다. 공융이 나서서 무왕이 달기미인을 주공에게 하사한 고사를 꾸며내어 이를 비판했다. 조조의 미움을 산 공융은 훗날에 결국 조조에게 처형을 당한다.

1) 初(초): 당초에. 사서에서 사건의 자초지종을 기록할 때 기사의 첫머리에 상투적으로 사용한다.

2) 曹操(조조, 155~220): 중국 후한 말 승상이자 위왕(魏王). 훗날 삼국시대 위나라의 개국황제가 된 아들 조비(曹丕)에 의해 무제(武帝)로 추존되었다.

   攻屠鄴城(공도업성): 업성을 공격해 무차별 도살하다. 업성은 원소(袁紹)의 근거지였다.

3) 多見侵略(다견침략): 대부분 노략질을 당하다.

4) 操子丕(조자비): 조조의 아들 조비(曹丕).

   私納(사납): 예법 절차 없이 아내를 들이다.

   袁熙妻甄氏(원희처견씨): 원소의 차남 원희의 아내 견씨. 자색(姿色)이 빼어났으며, 위나라 명제(明帝) 조예(曹叡)의 생모이다.

5) 融乃與操書(융내여조서): 공융(孔融)이 이에 조조에게 서신을 보내다. 공융은 후한 말의 문학가로 건안칠자(建安七子)의 일원이다.

6) 稱(칭): 칭찬하다.

   武王伐紂(무왕벌주): 주(周)나라 무왕이 은나라 주왕(紂王)을 치다.

7) 妲己(달기): 은나라의 마지막 군주이자 폭군인 주왕의 왕비.

   賜周公(사주공): 주공 단(旦)에게 하사하다. 주공은 무왕의 동생이다. 어느 사책(史冊)에도 무왕이 주공에게 달기를 하사했다는 기록이 없다.

8) 不悟(불오): 깨닫지 못하다. 공융의 말이 무슨 뜻인지 몰랐다는 뜻이다.

9) 度(탁 duó): 헤아리다. 미루어 짐작하다.

(1) 見(견)+술어 피동문

   ① ~를 받다

   信而見疑(신이견의) 성실하였으나 의심을 받았다.

   ② ~을 당하다

   匹夫見辱, 拔劍而起(필부견욕, 발검이기) 필부는 모욕을 당하면 검을 뽑아들고 일어난다.

   ③ ~가 되다

   見笑於大方之家(견소어대방지가) 대가로부터 웃음거리가 된다.

(2) 한정 어기조사 耳(이): ~할 뿐이다, ~할 따름이다. 구절 뒤에 와서 뜻을 강조한다.

   技止此耳(기지차이) 재주가 단지 이것뿐이었다.

02 伯樂一顧

人有賣駿馬者[1], 比三旦立市[2], 人莫之知[3]. 往見伯樂曰[4], "臣有駿馬欲賣之[5],
인 유 매 준 마 자　비 삼 단 입 시　인 막 지 지　왕 견 백 락 왈　신 유 준 마 욕 매 지

比三旦立於市, 人莫與言[6]. 願子還而視之[7], 去而顧之[8], 臣請獻一朝之賈[9]."
비 삼 단 입 어 시　인 막 여 언　원 자 환 이 시 지　거 이 고 지　신 청 헌 일 조 지 고

伯樂乃還而視之, 去而顧之. 一旦而馬價十倍[10].
백 락 내 환 이 시 지　거 이 고 지　일 단 이 마 가 십 배

『戰國策전국책·燕策연책』

중국어 발음 ▶

Rén yǒu mài jùn mǎ zhě, bǐ sān dàn lì shì, rén mò zhī zhī. Wǎng jiàn Bó lè yuē, "chén yǒu jùn mǎ yù mài zhī, bǐ sān dàn lì yú shì, rén mò yǔ yán. Yuàn zǐ huán ér shì zhī, qù ér gù zhī, chén qǐng xiàn yī cháo zhī gǔ." Bó lè nǎi huán ér shì zhī, qù ér gù zhī. Yī dàn ér mǎ jià shí bèi.

 해제

전국(戰國)시대에 제(齊)나라가 연(燕)나라를 침공하려고 했다. 합종가 소대(蘇代)가 연나라를 위해 제왕을 알현하길 청했으나 거절당했다. 이에 먼저 제나라 대부 순우곤(淳于髡)을 만나 자신의 백락이 되어달라고 이 글의 이야기로 설득했다. 제왕이 추천을 받고 소대를 만나보고 크게 기뻐했다.

1) 駿馬(준마): 빠르게 잘 달리는 명마.

2) 比三旦(비삼단): 사흘 계속. 연달아 사흘 동안.

3) 莫之知(막지지): 아무도 알아보지 못하다. 대명사 之는 준마를 가리킨다.

4) 伯樂(백락): 중국 춘추(春秋)시대에 명마를 잘 식별하였던 인물.

5) 臣(신): 일인칭 겸칭. 고대에는 평민이 때로는 자신을 '臣'이라고 일컬었다.

6) 與言(여언): 함께 말을 나누다.

7) 子(자): 그대. 당신. 이인칭대명사.

   還(huán)而視之(환이시지): 주위를 돌면서 살펴보다. 還은 '環(돌 환)'과 같다.

8) 去(거): 떠나다.

9) 獻(헌): 바치다.

   一朝之賈(일조이고): 하루 동안 말을 판 수입. 여기서의 朝는 '하루'를 뜻한다.

10) 一旦(일단): 하루아침.

(1) 莫(막)

   ① 莫+동사: 아무도(무엇도) ~하지 않다

   人莫見其面(인막견기면) 아무도 그의 얼굴을 보지 못했다.

   ② 목적어가 대명사일 경우 '莫'과 동사 사이에 둔다.

   莫之禁而弗爲也(막지금이불위야) 아무도 막지 않는데도 하지 않는다.

   ③ 금지사: ~하지 말라

   莫愁前路無知己(막수전로무지기) 앞 길에 벗이 없을까 근심하지 말라.

(2) 접속사 而(이)

   ① 동사+而+동사: ~하면서 ~하다

   去而顧之(거이고지): 떠나면서 준마에게 고개를 돌려주십시오.

   ② 시간사+而: ~만에, ~가 지나서

   순일이공성(旬日而工成) 열흘 만에 공사가 완성되었다.

「快活쾌활」

白居易백거이

可惜鶯啼花落處,	가석앵제화락처
一壺濁酒送殘春.	일호탁주송잔춘
可憐月好風涼夜,	가련월호풍량야
一部淸商伴老身.	일부청상반노신
飽食安眠消日月,	포식안면소일월
閑談冷笑接交親.	한담냉소접교친
誰知將相王侯外,	수지장상왕후외
別有優遊快活人.	별유우유쾌활인

Kě xī yīng tí huā luò chù, yī hú zhuó jiǔ sòng cán chūn.
Kě lián yuè hǎo fēng liáng yè, yī bù qīng shāng bàn lǎo shēn.
Bǎo shí ān mián xiāo rì yuè, xián tán lěng xiào jiē jiāo qīn.
shéi zhī jiàng xiàng wáng hóu wài, bié yǒu yōu yóu kuài huó rén.

●작가 소개●

白居易(백거이, 772~836): 중국 중당(中唐)시대의 대표적인 시인. 자(字)가 낙천(樂天)이고 호(號)가 향산거사(香山居士)로 현실적인 시를 썼다. 원진(元稹)과 함께 신악부(新樂府)운동을 제창하여 그들의 시를 원백체(元白體)라고 부른다.

1) 可惜(가석): 애석하다. 안타깝다.

鶯啼花落處(앵제화락처): 꾀꼬리가 꽃이 떨어진 곳에서 울다. 봄이 곧 지나감을 가리킨다.

2) 壺(호): 병. 술이나 간장 등을 담는 용기.

送殘春(송잔춘): 남은 봄을 떠나보내다. 가는 봄이 못내 아쉬운 심정을 가리킨다. 작가가 노년에 이르러 꽃이 떨어지면 슬픈 감회가 듦을 말한다.

3) 可憐(가련): 멋지다. 보기 좋다. 여기서는 가련하다는 뜻이 아니다.

月好風涼夜(월호풍량야): 달빛 좋고 바람도 시원한 밤.

4) 淸商(청상): 고대의 5음인 궁(宮)·상(商)·각(角)·치(徵)·우(羽) 중 하나인 높은 상조(商調). 여기서는 음악을 가리킨다.

伴老人(반노인): 늙은 몸과 짝을 이루다. 노인네의 짝이 되다.

5) 飽食安眠(포식안면): 배불리 먹고 편안히 잠자다.

消日月(소일월): 세월을 보내다.

6) 閑談冷笑(한담냉소): 잡담을 나누며 싱겁게 웃다. 곧, 한가로이 담소를 나눈다는 뜻이다. 여기서의 '冷笑'는 비웃는다는 뜻이 아니다.

接交親(접교친): 친지와 왕래하다.

7) 誰知(수지): 누가 알랴. 누가 알겠는가.

將相王侯(장상왕후): 장군과 재상과 제왕과 공후(公侯)귀족, 곧 왕후장상.

8) 別有(별유): 따로 있다. 별도로 있다.

優遊快活人(우유쾌활인): 유유자적하며 즐겁게 사는 사람.

우리말 해석

1. 삼군의 장수를 빼앗아올 수야 있으나 평범한 남자라도 지조를 꺾을 수는 없다.

2. 사람들 모두 쓸모 있는 것의 유용성은 알지만, 쓸모 없는 것의 유용성은 아무도 알지 못한다.

3. 호학함은 지혜에 가까우며, 지혜를 힘써 실천함은 인에 가까우며, 수치를 아는 것은 용기에 가깝다.

4. 부귀해도 교만하거나 방탕하지 않고, 가난하고 천해도 지조를 바꾸지 않으며, 권력자의 위세와 무력에 굴복하지 않는다.

5. 천 마리 양의 가죽이 한 마리 여우의 겨드랑이 털만 못하며, 천 명이 옳다고 떠드는 말이 선비 한 선비의 직언만 못하다.

1. 마땅히 그렇다고 생각했을 뿐이다
   조조가 업성을 공략해 무차별 도살할 때 원소의 집안 부녀자 대부분이 노략질을 당했으나 조조의 아들 조비는 몰래 원희의 아내 견씨를 맞아들였다. 공융이 이에 조조에게 서신을 보내 무왕이 주왕을 정벌하고 달기를 주공에게 하사했다고 칭찬했다. 조조가 이해하지 못했고, 나중에 어떤 경전에서 나왔는지 물어보았다. 공융이 아뢰었다. "지금 상황을 미루어 짐작컨대, 당연히 그랬으리라고 생각했을 뿐입니다!"

2. 백락이 한번 돌아보다

준마를 파는 사람이 있었는데, 연달아 3일 동안 시장에 서있었으나 아무도 준마를 알아보지 못했다. 백락을 찾아가 만나서 말했다. "저한테 준마가 있어 팔려고 연달아 3일 동안 시장에 서있었으나 말을 걸어오는 사람이 아무도 없었습니다. 원컨대 그대께서 준마 주위를 돌면서 살펴봐 주시고, 떠나가면서 돌아봐주십시오. 제가 하루의 수입 전부를 드리겠습니다." 백락이 이에 준마 주위를 돌면서 살폈고, 떠나가면서 돌아봤다. 하루아침에 말 값이 열 배 올랐다.

한시 감상 ▶

쾌활

애석하게 꽃 떨어진 곳에 꾀꼬리 울어
탁주 한 병 가져와 남은 봄을 송별하네.
달빛 멋들어지게 밝고 바람 시원한 밤에
청상곡 한 곡조 늙은 이 몸 친구가 되네.
포식하며 자는 것이 소일거리
한가로이 담소나 나누며 친지와 오갈 뿐.
누가 알랴, 왕후장상이 아니라도
유유자적 쾌활하게 사는 사람 따로 있음을.

제20과

01 寧爲鷄口¹, 不爲牛後².
영 위 계 구   불 위 우 후

『戰國策전국책 · 韓策한책』

중국어 발음

Níng wéi jī kǒu, bù wéi niú hòu.

어휘 설명

1) 寧(영): 차라리.
   爲(위): ~가 되다.
   鷄口(계구): 닭의 입. 닭의 머리라고 해석해도 무방하다.
2) 牛後(우후): 소의 꼬리.

어법 설명

寧(영)자 선택문
① 寧A不B(영A불B): 차라리 A할지언정 B하지 않는다
   寧死不屈(영사불굴) 차라리 죽을지언정 굴복하지 않는다.
② 寧A無B(영A불B): 차라리 A할지언정 B하지 말라
   寧我薄人, 無人薄我(영아박인, 무인박아): 우리가 타국을 침범할지언정 타국이 우리를 침범하게 하지 말라.

02 人生天地之間¹, 若白駒之過隙², 忽然而已³.
인 생 천 지 지 간　약 백 구 지 과 극　홀 연 이 이

Rén shēng tiān dì zhī jiān, ruò bái jū zhī guò xì, hū rán ér yǐ.

1) 生(생): 살다. 생활하다.
   天地(천지): 세상. 하늘과 땅 사이에 사람이 활동하는 공간을 말한다.
   間(간): 기간. 시간.
2) 白駒(백구): 백마. 백색 준마. '駒(구)'의 원래 뜻은 망아지이다.
   過隙(과극): 벽 사이의 틈새를 달려 지나가다.
3) 忽然(홀연): 잠깐. 잠시. 인생이 매우 짧음을 비유한다.

(1) 若(약): 마치 ~와 같다
   浮生若夢(부생약몽) 덧없는 인생은 마치 한바탕 꿈과 같다.
(2) 而已(이이): ~일 뿐이다, ~일 따름이다(한정형 종결어기조사)
   我知種樹而已(아지종수이이) 나는 나무을 심는 일만 알 따름이다.

269
제20과

03 與人善言¹, 暖於布帛². 傷人以言³, 深於矛戟⁴.

여 인 선 언　　난 어 포 백　　상 인 이 언　　심 어 모 극

『荀子순자 · 榮辱영욕』

중국어 발음

Yǔ rén shàn yán, nuǎn yú bù bó. Shāng rén yǐ yán, shēn yú máo jǐ.

어휘 설명

1) 與(여): 주다.
2) 暖(난) 따뜻하다. 온난하다.
   布帛(포백): 직물의 총칭, 곧 옷감. '布'는 면직물, '帛'은 견직물이다.
3) 傷人(상인): 남에게 상처주다. 남의 마음을 상하게 하다.
4) 深(심): 깊다. 상처가 심하다.
   矛戟(모극): 창. '矛'는 자루가 긴 창이고, '戟'은 창끝이 두 가닥으로 갈라진 창이다.

어법 설명

(1) 형용사+於(어)+명사: ~보다 더 ~하다
   蜀道之難, 難於上靑天(촉도지난, 난어상청천) 촉도가 험난하니 하늘에 오르기보다 더 험난하도다.
(2) 以(이)+명사: ~으로써, ~을 가지고
   以子之矛陷子之循, 何如(이자지모함자지순, 하여) 너의 창으로 너의 방패를 찌르면 어떻게 되는가?

04 泰山之高¹, 背而弗見². 秋毫之末³, 視之可察⁴.
　　　태 산 지 고　　배 이 불 견　　추 호 지 말　　시 지 가 찰

『淮南子회남자 · 說林訓세림훈』

중국어 발음

Tàishān zhī gāo, bèi ér fú jiàn. Qiū háo zhī mò, shì zhī kě chá.

어휘 설명

1) 泰山(태산): 중국 산동성(山東省) 태안현(泰安縣)에 소재한 산. 높이는 1,532m이며, 중국 5대 명산의 하나이다. 공자가 태산에 올라 천하가 작게 보인다고 한 이래로 높은 산의 대명사가 되었다.

2) 背(배): 등지다. 등을 돌리다.
   弗見(불견): 보이지 않다. '弗'은 '不(아니 불)'과 같다.

3) 秋毫(추호): ①가을철에 털갈이한 짐승의 새로 난 털. ②벼이삭 위에 난 솜털. 모두 아주 가늘고 작다는 뜻이다.

4) 視之(시지): 자세히 보다. 보려고 하다. '之'는 '秋毫'를 가리킨다.
   可察(가찰): 살펴볼 수 있다.

05 天下之難事¹, 必作於易². 天下之大事, 必作於細³.
천 하 지 난 사　필 작 어 이　천 하 지 대 사　필 작 어 세

『老子노자·63』

중국어 발음 ▶

Tiān xià zhī nán shì, bì zuò yú yì. Tiān xià zhī dà shì, bì zuò yú xì.

어휘 설명 ▶

1) 難事(난사): 어려운 일.
2) 作(작): 시작하다. 일어나다.
　　於(어): ~에서. ~로부터.
　　易(이): ①쉬운 것. 쉬운 부분. ②쉬울 때. 편할 때.
3) 細(세): 미세한 것. 사소한 부분.

해제

『노자(老子)』: 중국 춘추(春秋)시대 도가의 종사 노자의 무위자연사상을 적은 책. 원래 『도경(道經)』
과 『덕경(德經)』2편으로 구성되어 『도덕경』이라고도 부른다. 모두 약 5,000자에 달하며, 명철보신
(明哲保身)의 철리가 담겨있다.

01 經國之大業

蓋文章[1], 經國之大業[2], 不朽之盛事. 年壽有時而盡[3], 榮樂止乎其身[4], 二
개 문장　　경국지대업　　불후지성사　　연수유시이진　　영락지호기신　　이

者必至之常期[5], 未若文章之無窮. 是以古之作者, 寄身於翰墨[6], 見意於篇
자필지지상기　　미약문장지무궁　　시이고지작자　기신어한묵　　견의어편

籍[7], 不假良史之辭[8], 不托飛馳之勢[9], 而聲名自傳於後[10].
적　　불가양사지사　　불탁비치지세　　이성명자전어후

曹丕조비 『典論전론 · 論文논문』

중국어 발음

Gài wén zhāng, jīng guó zhī dà yè, bù xiǔ zhī shèng shì. Nián shòu yǒu shí ér jìn, róng lè zhī hū qí shēn, èr zhě bì zhì zhī cháng qī, wèi ruò wén zhāng zhī wú qióng. Shì yǐ gǔ zhī zuò zhě, jì shēn yú hàn mò, xiàn yì yú piān jí, bù jiǎ liáng shǐ zhī cí, bù tuō fēi chí zhī shì, ér shēng míng zì chuán yú hòu.

해제

『전론(典論) · 논문(論文)』: 중국 위(魏)나라 문제(文帝) 조비(曹丕)가 지은 문학평론. 조비는 국가 대사를 논한 『전론』20편을 지었으나 모두 사라지고 「논문」만 『소명문선(昭明文選)』에 실려 남아있 다. 조비는 문학의 독창성과 불후(不朽)의 가치를 인정했다.

1) 蓋(개): 대개. 대체로. 발어사로 별다른 뜻이 없다.

2) 經(경): 다스리다. 경영하다.

3) 年壽(연수): 수명.

 有時(유시): 정해진 때가 있다.

4) 榮樂(영락): 영예와 향락. 명예와 쾌락.

 止乎其身(지호기신): 자기 한 몸에 그치다. 본인 한 대(代)에 그치다.

5) 必至(필지): 반드시 끝에 다다르다.

 常期(상기): 정해진 일정한 기간.

6) 寄身(기신): 몸을 맡기다. 투신하다.

 翰墨(한묵): 붓과 먹, 곧 시문(詩文). '翰'은 붓을 만드는 깃털이다.

7) 見意(현의): 포부를 드러내다. '見'은 '現(나타낼 현, xiàn)'과 같다.

 篇籍(편적): 서적. 저서. 글과 전적.

8) 良史之辭(양사지사): 훌륭한 사관의 평가.

9) 飛馳(비치): 벼슬길에서 날개를 난 듯 질주하는 사람, 곧 고관대작.

10) 聲名(성명): 명성.

어법 설명

(1) 乎(호)와 於(어)

 동사+乎/於+명사: ~에, ~에서 ~까지, ~로부터

 必作於細(필작어세) 반드시 미세한 일로부터 비롯한다.

(2) 未若(미약=不如)

 ① ~만 못하다

 未若消兵以全赤子(미약소병이전적자) 병력을 감축해 백성의 생명을 보전함만 못하다.

 ② ~보다 덜하다

 漢室雖微, 未若殷紂之暴也(한실수미, 미약은주지폭야) 한나라 황실이 비록 미약할지라도 은나라 주임금의 폭정보단 덜하다.

02 師說

古之學者必有師. 師者[1], 所以傳道·受業·解惑也[2]. 人非生而知之者[3],
고 지 학 자 필 유 사   사 자   소 이 전 도   수 업   해 혹 야   인 비 생 이 지 지 자

孰能無惑? 惑而不從師[4], 其爲惑也[5], 終不解矣. 生乎吾前[6], 其聞道也,
숙 능 무 혹   혹 이 부 종 사   기 위 혹 야   종 불 해 의   생 호 오 전   기 문 도 야

固先乎吾[7], 吾從而師之[8]. 生乎吾後, 其聞道也, 亦先乎吾, 吾從而師之.
고 선 호 오   오 종 이 사 지   생 호 오 후   기 문 도 야   역 선 호 오   오 종 이 사 지

吾師道也[9], 夫庸知其年之先後生於吾乎[10]? 是故無貴·無賤·無長·無
오 사 도 야   부 용 지 기 년 지 선 후 생 어 오 호   시 고 무 귀   무 천   무 장   무

少[11], 道之所存[12], 師之所存也.
소   도 지 소 존   사 지 소 존 야

韓愈한유「師說사설」

 해제

「사설(師說)」은 중당(中唐)시대의 문장가 韓愈(한유, 768~824)가 제자에게 사도(師道)의 중요성을 일깨워준 글이다. 한유는 자가 퇴지(退之)이고, 당송팔대가(唐宋八大家)의 일원으로 유종원(柳宗元)과 함께 고문운동(古文運動)을 주창하였다.

1) 師者(사자): 스승이란. 스승이라는 것은.
2) 所以(소이): 방편. 수단. 도구.
   傳道(전도): 도를 전하다. 여기서의 '道'는 유가의 인의도덕을 말한다.
   受業(수업): 학문을 전수하다. '受'는 '줄 授(수)'와 같고, '業'은 6경의 학업을 말한다.
   解惑(해혹): 의혹을 풀어주다. 의문점을 해결해주다.
3) 生而知之(생이지지): 태어나면서 다 알다. 『논어(論語)·술이(述而)』에서 공자가 자신은 나면서부터 모든 지식과 도리를 깨우친 사람이 아니라고 했다.
4) 從(종): 찾다. 따라다니다.
5) 其爲惑也(기위혹야): 그가 가진 의혹은. 여기에서 '也'는 구를 주어로 만드는 역할을 한다.
6) 生乎吾前(생호오전): 나보다 먼저 태어나다. '乎'는 비교격조사이다.
7) 固(고): 원래. 단지. 참으로.
8) 師之(사지): (그런 분을) 스승으로 삼다. '師'가 동사로 쓰였다.
9) 師道(사도): 도를 스승으로 삼다.
10) 夫庸(부용): 도대체 어떻게. '夫'는 발어사이고, '庸'은 의문사이다.
    知(지): 따지다. 상관하다.
11) 無長無少(무장무소): 나이가 많고 적음에 관계없다.
12) 道之所存(도지소존): 도가 존재하는 곳.

(1) 所以(소이): 방편, 도구, 까닭, 사람
    禮者, 所以正身也(예자, 소이정신야) 예의는 몸을 바르게하는 방편이다.
(2) 개사(介詞) 乎(호): ~보다 더. 비교의 뜻을 나타내며 '於'와 같다.
    感人心者莫先乎情(감인심자막선호정) 사람 마음을 감동시킴은 정보다 중요한 것이 없다.
(3) 의문대명사 孰(숙): 누구, 무엇, 어느 것
    是可忍, 孰不可忍(시가인, 숙불가인) 이것을 참을 수 있으면 무엇인들 못 참으랴?
(4) 의문부사 庸(용): 어찌, 설마
    반문이나 강조의 어조를 나타내고, 구절 끝의 어기조사 '乎' 등과 호응한다.
    庸可棄乎(용가기호): 어찌 포기할 수 있으랴?

「把酒問月 파주문월」절록

李白 이백

今人不見古時月¹,	금인불견고시월
今月曾經照古人².	금월증경조고인
古人今人若流水³,	고인금인약유수
共看明月皆如此⁴.	공간명월개여차
唯願當歌對酒時⁵,	유원당가대주시
月光長照金樽裡⁶.	월광장조금준리

Jīn rén bú jiàn gǔ shí yuè, jīn yuè céng jīng zhào gǔ rén.

Gǔ rén jīn rén ruò liú shuǐ, gòng kàn míng yuè jiē rú cǐ.

Wéi yuàn dāng gē duì jiǔ shí, yuè guāng cháng zhào jīn zūn lǐ.

•작가 소개•

李白(이백: 701~762): 자(字)가 태백(太白)이고 호
(號)는 청련거사(淸蓮居士)이며 시선(詩仙), 적선(謫仙),
주선(酒仙)으로도 불린다. 성당(盛唐)시대 최고의 낭만
파 시인으로, 안사(安史)의 난 이전의 당시정신(唐詩精
神)을 집대성하였다.

1) 古時月(고시월): 옛날에 떴던 달.

2) 曾經(증경): 한때. 전에. 일찍이.

　　照(조): 비추다.

3) 若流水(약유수): 흐르는 물과 같다. 세월이 흐르면서 지금 사람도 옛사람이 된다는 뜻이다.

4) 共看明月(공간명월): 옛사람과 지금 사람이 함께 밝은 달을 쳐다보다.

　　皆如此(개여차): 이와 같다. 언제나 이처럼 같은 달이라는 뜻이다.

5) 唯願(유원): 오직 바란다. 오로지 바라기는.

　　當歌對酒(당가대주): 노래하고 술을 마시다. 조조(曹操)의 시 「단가행(短歌行)」에 "對酒當歌,
　　人生幾何(대주당가, 인생기하: 술을 마주하니 노래하세, 인생이 그 얼마나 되리)!"라 하였다.

6) 長(장): 길이. 언제나. '常(항상 상)'과 같다.

　　金樽(금준): 금 술잔.

우리말 해석

명구 명언

1. 차라리 닭의 머리가 될지언정 소의 꼬리는 되지 않는다.

2. 사람이 세상에서 사는 기간은 마치 백마가 벽 틈새를 달려 지나가는 것처럼 잠깐일 뿐이다.

3. 남에게 해주는 좋은 말은 옷감보다 더 따뜻하고, 말로써 남에게 주는 상처는 창에 찔리는 것보다 더 심하다.

4. 태산이 높아도 등을 돌리면 보이지 않고, 가을 털갈이한 짐승의 털끝이라도 보려고 하면 살펴볼 수가 있다.

5. 천하의 어려운 일은 쉬운 일에서 시작하며, 천하의 큰일은 미세한 일에서 시작한다.

문장 이해

1. 나라를 다스리는 대업

   대개 문장은 나라를 다스리는 대업이자 불후의 성대한 일이다. 인간 수명은 때가 되면 다하고 명예와 향락은 자기 한 몸에 그치니, 두 가지는 반드시 다다르는 일정한 기간이 있어 문장의 무궁함만 못하다. 이런 까닭으로 옛날 작가는 글 쓰는 일에 투신하여 포부를 서적에 드러내었고, 훌륭한 사관의 말을 빌리지도 않았고 권력자의 세력에 의지하지도 않았으나 명성이 저절로 후대까지 전해졌다.

2. 사설

옛날 학자는 반드시 스승이 있었다. 스승이란 진리를 전달하고, 지식과 기술을 전수하고, 의혹을 풀어주는 방편이다. 사람이 나면서부터 모든 것을 아는 것이 아닐진대 누군들 의혹이 없을 수 있겠는가? 의혹이 있는데 스승을 찾지 아니하면 그가 가진 의혹은 끝내 풀리지 않을 것이다. 나보다 먼저 태어나 진리를 들은 것이 진실로 나보다 먼저라면 나는 그런 분을 찾아가 스승으로 모신다. 나보다 나중에 태어나 진리를 들은 것이 또한 나보다 먼저라면 나는 그런 분을 찾아가 스승으로 모신다. 나는 진리를 스승으로 삼는 것이니 도대체 그 분이 나보다 먼저 태어나고 나중 태어난 것을 알 필요가 무엇 있겠는가? 그러므로 귀천도 없고 장유도 없으며, 진리가 존재하는 곳에 스승이 존재한다.

한시 감상 ▷

술잔을 들고 달에게 묻노라

지금 사람은 옛날 저 달 보지 못했고
지금 저 달은 옛사람을 비추었으리.
고금의 인물 모두 흐르는 물 같아
함께 달을 본다면 이처럼 같은 달일세.
오직 바라기는 노래하고 술 마실 동안
달빛이 길이 금 술잔을 비춰주기를.

편저자 소개

박종혁
국민대학교 중어중문학과 교수

이규일
국민대학교 중어중문학과 교수

장창호
국민대학교 중어중문학과 교수

정환종
국민대학교 중어중문학과 교수

기초한문 基礎漢文

초판 인쇄   2017년   8월   24일
초판 발행   2017년   8월   31일

편   저 | 박종혁 · 이규일 · 장창호 · 정환종
펴 낸 이 | 하운근
펴 낸 곳 | 學古房

주   소 | 경기도 고양시 덕양구 통일로 140 삼송테크노밸리 A동 B224
전   화 | (02)353-9908   편집부(02)356-9903
팩   스 | (02)6959-8234
홈페이지 | http://hakgobang.co.kr/
전자우편 | hakgobang@naver.com, hakgobang@chol.com
등록번호 | 제311-1994-000001호

ISBN   978-89-6071-679-7   93720

값 : 16,000원

┌───┐
  이 도서의 국립중앙도서관 출판예정도서목록(CIP)은 서지정보유통지원시스템 홈페이지
(http://seoji.nl.go.kr)와 국가자료공동목록시스템(http://www.nl.go.kr/kolisnet)에서 이용하
실 수 있습니다. (CIP제어번호 : CIP2017021042)
└───┘